Natalia Ramos Díaz
Héctor Enríquez Anchondo
Olivia Recondo Pérez

Inteligencia emocional plena

Mindfulness y la gestión eficaz de las emociones

© 2012 by Natalia Ramos Díaz, Héctor Enríquez Anchondo y Olivia Recondo Pérez
© de la edición en castellano:
2012 by Editorial Kairós, S.A.
Numancia 117-121, 08029 Barcelona, España
www.editorialkairos.com

Fotocomposición: Grafime. Mallorca, 1. 08014 Barcelona
Impresión y encuadernación: Romanyà-Valls. Verdaguer, 1. 08786 Capellades

Primera edición: Mayo 2012
Segunda edición: Diciembre 2012
ISBN: 978-84-9988-139-3
Depósito legal: B-15.520/2012

Sumario

1. Introducción

«No se puede solucionar un problema partiendo de la misma "conciencia" o perspectiva que lo provocó.»

ALBERT EINSTEIN

Tal vez las personas reconocen una paradoja fundamental: la ciencia nos ha ayudado a tener un control increíble sobre nuestro mundo exterior, pero hemos avanzado poco en el control de nuestros mundos internos, emocionales. Por ejemplo, podemos viajar por todo el mundo en menos de un día, pero no parece que se haga mucho en cuanto al progreso en la reducción de la violencia, el racismo, el asesinato y el suicidio. Si miramos con honestidad la condición humana, debemos admitir que la falta de inteligencia emocional está en todas partes. La gente puede estar mirando a la IE [Inteligencia Emocional], tal vez con la esperanza de que les ayudará a obtener el control de sus vidas. (Ciarrochi y Blackledge, 2005.)

La inteligencia es, ha sido y posiblemente será uno de los aspectos que más interés ha suscitado a lo largo de este último siglo dentro de la psicología y también en disciplinas tales como la pedagogía, la filosofía o la neurología. Incluso después de muchos avances, la inteligencia se sigue considerando un fenómeno en gran medida desconocido por su complejidad. Esta complejidad ha propiciado que surjan, sobre todo en las últimas décadas, diferentes teorías y definiciones sobre el constructo, que hacen difícil a los investigadores poder llegar a una definición aceptada y consensuada por todos (Sternberg, 2000; Sternberg, Castejón, Prieto, Hautämaki y Grigorenko, 2001).

En estas últimas décadas, algunos autores han considerado incompleta la visión de la inteligencia que hace referencia solamente al denominado cociente intelectual.

Por esta razón, las teorías recientes conducen al desarrollo de una nueva perspectiva de la inteligencia mucho más amplia, en la que se tienen en cuenta otros aspectos más allá de los puramente racionales, como los factores emocionales (Pérez y Castejón, 2007).

Estas emociones desempeñan un papel importante y trascendental en la vida personal, especialmente en cómo interactúan en la realidad del individuo, en su vida cotidiana, estando presentes de manera diversa en cada experiencia vital, y de manera particular en su entorno social, pudiendo hacer del individuo una persona con un alto grado de bienestar y éxito en su perspectiva socioemocional o, a su vez, una persona con un grado alto de desadaptación.

En esta misma línea, el entronque de atención plena o mindfulness como procedimiento terapéutico se encuentra en el desarrollo de las denominadas nuevas terapias conductuales (Vallejo, 2007). Hayes, Luoma, Bond, Masuda y Lillis (2006) han venido a denominar como terapias de tercera generación aquellas que incluyen en sus componentes procesos de mindfulness y aceptación, así como procesos de compromiso y cambio directo de conductas. Aunque las aplicaciones clínicas de mindfulness estuvieron ligadas inicialmente a su papel como procedimiento de control fisiológico-emocional, hay abundantes datos que apoyan el uso del mindfulness en un amplio número de trastornos que incluyen desde el tratamiento de la depresión o los trastornos de personalidad, hasta los trastornos alimentarios, la ansiedad generalizada, el estrés, la violencia, los problemas de pareja, etcétera (Baer, 2003; Baer, Hopkins, Krietemeyer, Smith y Toney, 2006). Franco (2009) ha estudiado recientemente la incidencia de un programa de meditación sobre la percepción del estrés en estudiantes de primer curso de Magisterio, obteniendo una reducción significativa en dicha variable y concluyendo, por tanto, que la práctica de este tipo de programas dota a las personas de una serie de recursos que les permitirán afrontar de forma más eficaz las diferentes situaciones de estrés. Este aspecto coincide con la mejora de sus emociones y del ajuste psicológico.

Sin embargo, es menester continuar la investigación en este campo de las teorías de tercera generación; aún queda mucho por conocer y experimentar en el área de las emociones. La inteligencia emocional ha generado un camino, una ventana a nuevos conocimientos, así como la inserción de las técnicas orientales, como es el caso de la meditación, y técnicas de respiracion y atención, que seguramente proveerán de mucha información relevante para el entendimiento de los procesos cognitivo-emocionales; y si agregamos a todo esto el ingrediente del aporte de las neurociencias, es muy posible que muy pronto sepamos más de la relación de las funciones cerebrales con el comportamiento social y de otros aspectos conductuales que pueden tener un origen de tipo biológico más que de tipo cognitivo. La propuesta teórica que se expresa en este manuscrito está basada en una fusión de la inteligencia emocional y la atención plena o mindfulness. Consideramos que la inteligencia emocional desde el modelo de habilidades de Salovey y Mayer puede ser muy favorecida cuando se aplica desde la perspectiva de la atención plena. Recientes investigaciones han manifestado resultados muy halagüeños, que nos indican que el camino que hemos escogido en el campo de la investigación de estos dos constructos psicológicos es el deseado para potenciar la inteligencia emocional en las personas.

2. La inteligencia emocional

> «Su rostro expresaba más que mil palabras que pudiera pronunciar, era un libro abierto, su sonrisa iluminaba mis espacios más oscuros, su ánimo me contagiaba solo al verla, al punto que, sin pensarlo, ya estaba riendo igual que ella sin saber de qué...»
>
> Héctor Enríquez

Introducción

El siglo XXI será dentro del ámbito de la psicología el siglo de las emociones. Actualmente, la mayoría de los investigadores reconocen la importante influencia que ejercen los aspectos emocionales sobre el bienestar y la adaptación individual y social. Puede decirse, por tanto, que estamos rectificando el error cometido durante décadas al relegar la emoción y los afectos a un segundo plano con respecto a la cognición y la conducta (Jiménez y López-Zafra, 2008).

Una buena prueba de este creciente interés por analizar la influencia de las emociones en todos los ámbitos de la vida es el progresivo desarrollo que se está produciendo en los últimos años en el ámbito de la *Inteligencia Emocional* (IE), desde que Mayer y Salovey emplearon por primera vez el término en la década de los noventa y Goleman lo hiciera llegar al gran público con su *best seller* pocos años después (Fernández-Berrocal *et al.*, 2006).

Comprender el concepto de inteligencia emocional requiere explorar los términos que lo componen, "inteligencia" y "emoción". En este sentido se considera importante realizar un análisis de estos dos conceptos, en los que subyacen las claves para entender o visualizar guías o caminos claros y entendibles del complejo comportamiento humano.

Concepto de "inteligencia"

En estas últimas décadas, algunos autores han considerado incompleta la visión de la inteligencia que hace referencia solamente al denominado cociente intelectual. Así, el primer problema con que nos encontramos es definir qué es la inteligencia, si hay una o varias, si funcionan de manera independiente, aislada o en correlación, etcétera. Una breve revisión del concepto de "inteligencia" nos lleva a comienzos del siglo xx. Sin duda, anteriormente ha existido un concepto adaptado a las necesidades del contexto histórico en el que se mueven los individuos.

La investigación sobre la inteligencia probablemente se inicia con los estudios de Broca (1824-1880), que estuvo interesado en medir el cráneo humano y sus características y, por otra parte, descubrió la localización del área del lenguaje en el cerebro. Al mismo tiempo, Galton (1822-1911), bajo la influencia de Darwin, realizaba sus investigaciones sobre los genios donde aplicaba la campana de Gauss. También en esta época Wundt (1832-1920) estudiaba los procesos mentales mediante la introspección. Pero es a partir de Binet cuando se habla de la medición de la inteligencia, cuyos efectos sobre la educación son imponderables. En 1905, Binet (1857-1911) elabora el primer test de inteligencia a partir de una demanda del Ministerio de Educación francés, con objeto de identificar a los sujetos que podían seguir una escolaridad ordinaria y distinguirlos de los que requerían educación especial.

El concepto de "Cociente intelectual" (CI) fue elaborado por Stern, en 1912, que pretendía ajustar el concepto de edad mental establecido por Binet, quien diseñó el primer cuestionario para medir la inteligencia. Evidentemente, este primer instrumento estaba ligado a la posibilidad de predecir qué alumnos tendrían éxito en el rendimiento escolar. De este modo quedó unido el concepto de inteligencia al éxito escolar, en un momento en que comenzaba a llevarse a cabo una política de escolarización de la población en los países más avanzados.

En 1938, Thurstone rechaza la teoría de una inteligencia general y analiza siete habilidades esenciales estableciendo la teoría factorial de la inteligencia, como son la comprensión y la fluidez verbal, habilidad numérica, percepción espacial, memoria, razonamiento y rapidez de percepción. Cattell distingue en 1967 entre "inteligencia Fluida" e "inteligencia Cristalizada". Spearman establece el factor "g" como índice general de la inteligencia. Pero todos ellos hacen referencia en sus teorías a capacidades verbales, numéricas, espaciales, perceptivas, de memoria o psicomotrices. Es decir, se elaboran conceptos de inteligencia siempre relacionados con la predicción del éxito académico, dejando los aspectos afectivo-emocionales como elementos facilitadores o distorsionadores de ese rendimiento, pero no como elementos centrales del desarrollo intelectual y predictores del éxito personal y social (Sánchez, Blum y Piñeyro, 1990).

Por su parte, Howard Gardner (1983) enuncia sus planteamientos acerca del pensamiento humano, al que le otorga una mayor amplitud y al que trata de definir a través de su teoría de las "inteligencias múltiples", en la que se hace referencia a un amplio abanico de inteligencias diversas, entre las que sitúa la inteligencia inter- e intrapersonal. Estas dos últimas inteligencias estarían relacionadas con aspectos socio-emocionales, coincidiendo así, al menos en parte, con la corriente de autores que defiende la existencia de una inteligencia emocional, independiente de otros constructos cercanos como la inteligencia psicométrica tradicional o la personalidad.

Salvo las excepciones de Guilford, Gardner y las de algunos otros, el siglo xx ha confiado en el enfoque correlacional para identificar inteligencias. De hecho, los investigadores han desarrollado tantas medidas como inteligencias han imaginado y, además, ha sido una dura competencia entre las diferentes inteligencias y sus interrelaciones a través del siglo xx.

A psicólogos como Robert Sternberg, Howard Gardner y Peter Salovey hay que agradecer que empiece a consolidarse un concepto mucho más amplio de la inteligencia. La idea de las inteligencias múltiples está sustituyendo al concepto unilateral de inteligencia abstracto-académica que Alfred Binet, el padre de los test para determinar el CI, hizo arraigar hace cien años en todas las mentes (Martin y Boeck, 2004).

Por este motivo, las teorías recientes conducen al desarrollo de una nueva perspectiva de la inteligencia mucho más amplia, en la que se tienen en cuenta otros aspectos más allá de los puramente racionales, como los factores emocionales (Pérez y Castejón, 2007).

Entre las teorías actuales se encuentra la aportada por Sternberg, quien ha contribuido a esta nueva concepción adoptando una visión multidimensional de la inteligencia, en la que diferencia varios tipos de talentos o inteligencias relativamente distintas e independientes: la analítica, la práctica y la creativa (Sternberg, 1997, 2000; Sternberg, Grigorenko y Bundy, 2001), integrando en su concepto la creatividad y los aspectos, personales y sociales. Considera que es más importante saber cuándo y cómo usar esos aspectos de la que llama inteligencia exitosa, que simplemente tenerlos. Las personas con inteligencia exitosa no solo tienen esas habilidades, sino que reflexionan sobre cuándo y cómo usarlas de manera eficaz. Su visión de los test de inteligencia tradicionales es crítica puesto que considera que estos solo miden el aspecto analítico, y ni siquiera por completo, considerando que habría que ir más allá del cociente intelectual, es decir, más allá de la inteligencia analítica para identificar a personas inteligentes con pronóstico de resultados favorables en la vida, ya que la inteligencia analítica, únicamente, no garantiza el éxito en el mundo real (Sternberg *et al.*, 2001).

De todas estas inteligencias, son la inteligencia interpersonal y la intrapersonal las que nos interesan particularmente, ya que son las que tienen que ver con la inteligencia emocional. En cierta forma, la IE está formada por estas dos inteligencias. En otro orden de cosas, la inteligencia interpersonal tiende a coincidir con lo que otros autores han denominado inteligencia social (Zirkel, 2000; Topping, Bremmer y Holmes, 2000; Cherniss, 2000). Mientras que la inteligencia intrapersonal tiende a coincidir con la inteligencia personal (Sternberg, 2000; Hedlund y Sternberg, 2000).

Concepto de "emoción"

El papel de las emociones en la adaptación del ser humano ha sido ampliamente aceptado y estudiado desde Hipócrates y Galeno, pasando por Darwin (1872) y LeDoux (1996), hasta Cacioppo, Larsen, Smith y Bernston (2004).

Ya en la Grecia antigua, el cosmólogo Empédocles (hacia 450 a. de C.) formulaba a grandes rasgos la teoría de los cuatro tipos de temperamento: colérico, melancólico, sanguíneo y flemático. Creía que el cuerpo humano, como todas las formas terrenales, se componía de cuatro elementos: fuego, tierra, aire y agua. Relacionó estos cuatro elementos con los cuatro humores corporales: la bilis roja y la negra, la sangre y las mucosidades. Con ello, Empédocles estableció las bases para una psicología determinada de manera primordial por los humores corporales.

Más tarde, la psicología del Renacimiento, encabezada por Robert Burton con su obra en tres tomos *Anatomy of Melancholy*, amplió y perfeccionó esta sistematización. Burton y sus contemporáneos elaboraron una tesis según la cual la composición de los humores corporales, y en consecuencia el equilibrio anímico del ser humano, era sensible a influencias externas como la alimentación, la edad y las pasiones. Otro hito en la psicología de las emociones fue la publicación de Charles Darwin *La expresión de las emociones en el hombre y en los animales* (1872). Darwin intentaba demostrar que existen esquemas de comportamiento congénito para las emociones más importantes, como la alegría, la tristeza, la indignación y el miedo (Martin *et al.*, 2004).

Otros antecedentes están en los enfoques del *counseling*, particularmente la psicología humanista, con Gordon Allport, Abraham Maslow y Carl Rogers, que a partir de mediados del siglo xx ponen un énfasis especial en la emoción. Después vendrán la psicoterapia racional-emotiva de Albert Ellis y muchos otros, que adoptan un modelo de *counseling* y psicoterapia que toma la emoción del cliente como centro de atención. Este enfoque defiende que cada persona tiene la necesidad de sentirse bien consigo misma, experimentar las propias emociones y crecer emocionalmente. Cuando se ponen barreras a este objetivo básico pueden derivarse comportamientos desviados. Taylor, Bagby y Parker (1997), al ocuparse de los desórdenes afectivos, hacen referencia a algunos aspectos procesuales de la IE.

Una emoción se produce de la siguiente forma:

1) Informaciones sensoriales llegan a los centros emocionales del cerebro.
2) Se produce una respuesta neurofisiológica.
3) El neocórtex interpreta la información.

De acuerdo con este mecanismo, en general hay bastante acuerdo en considerar que: «Emoción es un estado complejo del organismo caracterizado por una excitación o perturbación que predispone a una respuesta organizada. Las emociones se generan como respuesta a un acontecimiento externo o interno» (Bisquerra, 2007).

El proceso de valoración puede tener varias fases. Según Lazarus (1991) hay una valoración primaria sobre la relevancia del evento: ¿es positivo o negativo para el logro de nuestros objetivos? En una evaluación secundaria se consideran los recursos personales para poder afrontarlo: ¿estoy en condiciones de afrontar esta situación?

Gran parte de lo que el cerebro realiza cuando se produce una emoción sucede independientemente del conocimiento consciente; se realiza de forma automática. Conviene insistir en que la mayoría de las emociones se generan inconscientemente. También es útil distinguir entre *reacciones emocionales innatas* y *acciones emocionales voluntarias*. Las respuestas de evitación se encuentran a mitad de camino entre ambas. Cuando hablamos de las acciones emocionales voluntarias nos referimos a los sentimientos (LeDoux, 1999). El estado de ánimo se refiere a un estado emocional mantenido durante semanas o más tiempo. Coincidimos con Frijda (1994) al afirmar que las emociones nos dicen qué hechos son verdaderamente importantes para nuestra vida.

Hay tres componentes en una emoción: **neurofisiológico, conductual** y **cognitivo**. Lo **neurofisiológico** se manifiesta en respuestas como taquicardia, sudoración, vasoconstricción, hipertensión, tono muscular, rubor, sequedad en la boca, cambios en los neurotransmisores, secreciones hormonales, respiración, etcétera. Todo esto son respuestas involuntarias que el sujeto no puede controlar, sin embargo, se pueden prevenir mediante técnicas apropiadas como la relajación.

La observación del comportamiento de un individuo permite inferir qué tipo de emociones está experimentando. Las expresiones faciales, el lenguaje no verbal, el tono de voz, volumen, ritmo, movimientos del cuerpo, etcétera, aportan señales de bastante precisión sobre el estado emocional.

El componente **cognitivo** o vivencia subjetiva es lo que a veces se denomina *sentimiento*. Sentimos miedo, angustia, rabia y muchas otras emociones. Para distinguir entre el componente neurofisiológico y el cognitivo, a veces se emplea el término "emoción", en sentido restrictivo, para describir el estado corporal (es decir, el estado emocional) y se reserva el término "sentimiento" para aludir a la sensación consciente (cognitiva). El componente cognitivo hace que califiquemos un estado emocional y le demos un nombre. El etiquetado de las emociones está limitado por el dominio del lenguaje. Dado que la introspección a veces es el único método para llegar al conocimiento de las emociones de los demás, las limitaciones del lenguaje imponen serias restricciones a este conocimiento, pero al mismo tiempo dificultan la toma de conciencia de las propias emociones. Este déficit provoca la sensación de "no sé qué me pasa", lo cual puede tener efectos negativos sobre la persona, de ahí la importancia de una educación emocional encaminada, entre otros aspectos, a un mejor conocimiento de las propias emociones y del dominio del vocabulario emocional (Bisquerra, 2003).

En los últimos años, la psicología ha mostrado un especial interés por conocer los mecanismos que subyacen al procesamiento de la información emocional y a la relación entre los procesos cognitivos y emocionales (Cano-Vindel y Fernández-Castro, 1999). Esta línea de trabajo se basa en la consideración de las emociones no solo como mecanismos indispensables para la supervivencia del organismo (Darwin, 1872), sino también como procesos adaptativos capaces de motivar la conducta, ayudar a los procesos de memoria a almacenar y evaluar acontecimientos relevantes, focalizar la atención en un número limitado de opciones, favorecer la toma de decisiones e influir en la determinación final de nuestro comportamiento. Desde esta perspectiva, las emociones representan una fuente de información útil acerca de las relaciones que se establecen entre el individuo y su medio (Salovey, Mayer, Goldman, Turvey y Palfai, 1995). El hecho de poseer determinadas habilidades para reflexionar acerca de esta información e integrarla en nuestro pensamiento puede suponer un requisito importante a la hora de manejar nuestras vidas y de favorecer una adecuada adaptación social y emocional.

Surgimiento y desarrollo de la inteligencia emocional

Por lo que respecta a los antecedentes centrados en la inteligencia emocional se pueden mencionar los trabajos realizados por Leuner (1966), el cual publica un artículo en alemán cuya traducción sería «Inteligencia emocional y emancipación» (citado por Mayer, Salovey y Caruso, 2000). En él se plantea el tema de cómo muchas mujeres rechazan nuevos roles sociales a causa de su baja inteligencia emocional.

Payne (1986) presenta un trabajo con el título de «A study of emotion: Developing emotional intelligence; Self integration; relating to fear, pain and desire» (citado por Mayer, Salovey y Caruso, 2000*a*). Como podemos observar en el título aparecía "inteligencia emocional". En este documento, Payne plantea el eterno problema entre emoción y razón, y propone integrar emoción e inteligencia de tal forma que en las escuelas se enseñen respuestas emocionales a los niños. La ignorancia emocional puede ser destructiva; por esto, los gobiernos deberían ser receptivos y preocuparse de los sentimientos individuales. Interesa subrayar que este artículo, uno de los primeros sobre inteligencia emocional del que tenemos referencia, se refiere a la educación de la inteligencia emocional. En este sentido podemos afirmar que la inteligencia emocional ya en sus inicios manifestó una vocación educativa.

Estos dos últimos documentos prácticamente no tuvieron trascendencia y no se citan (con muy contadas excepciones) en los estudios científicos sobre IE. Sin embargo, podemos suponer que tuvieron una influencia sobre el famoso artículo de Salovey y Mayer (1990), puesto que estos autores son de los pocos, tal vez los únicos, que los citan posteriormente (Mayer, Caruso y Salovey, 2000).

En 1983, Bar-On utilizó la expresión EQ (*Emotional Quotient*) en su tesis doctoral. Según explica él mismo, el término EQ fue acuñado en 1980 (Bar-On, 2000: 366). Aunque parece ser que no tuvo difusión hasta 1997 cuando se publicó la primera versión del *The Emotional Quotient Inventory* (Bar-On, 1997).

A menudo pasa desapercibido que en 1994 se fundó el CASEL (Consortium for the Advancement of Social and Emotional Learning), con objeto de potenciar la educación emocional y social en todo el mundo. Este hecho, claramente educativo, fue anterior a la publicación del libro de Goleman (1995).

El concepto inteligencia emocional (IE) apareció por primera vez desarrollado en 1990 en un artículo publicado por Peter Salovey y John Mayer, continuando con una tendencia iniciada por otros grandes psicólogos como Wechsler (1940), Gardner (1983) o Sternberg (1988). Estos investigadores, sin menospreciar la importancia de los aspectos cognitivos, reconocían el valor esencial de ciertos componentes denominados "no cognitivos", es decir, factores afectivos, emocionales, personales y sociales, como predictores adecuados de nuestras habilidades de adaptación y éxito en la vida (Cabello, Ruiz-Aranda, Fernández-Berrocal, 2010). No obstante, quedó relegado al olvido durante cinco años hasta que Daniel Goleman, psicólogo y periodista americano con una indudable vista comercial y gran capacidad de seducción y de sentido común, convirtió estas dos palabras en un término de moda al publicar su libro *Inteligencia emocional* (1995). La tesis primordial de este libro se resume en que necesitamos una nueva visión del estudio de la inteligencia humana más allá de los aspectos cognitivos e intelectuales, que resalte la importancia del uso y gestión del mundo emocional y social para comprender el curso de la vida de las personas. Goleman afirma que existen habilidades más importantes que la inteligencia académica a la hora de alcanzar un mayor bienestar laboral, personal, académico y social. Esta idea tuvo una gran resonancia en la opinión pública y, a juicio de autores como Epstein (1998), parte de la aceptación social y de la popularidad del término se debió principalmente a tres factores:

- El cansancio provocado por la sobrevaloración del cociente intelectual (CI) a lo largo de todo el siglo xx, ya que había sido el indicador más utilizado para la selección de personal y recursos humanos.
- La antipatía generalizada en la sociedad ante las personas que poseen un alto nivel intelectual, pero que carecen de habilidades sociales y emocionales.

• El mal uso en el ámbito educativo de los resultados en los test y evaluaciones de CI que pocas veces pronostican el éxito real que los alumnos tendrán una vez incorporados al mundo laboral, y que tampoco ayudan a predecir el bienestar y la felicidad a lo largo de sus vidas.

Como consecuencia de este conjunto de eventos, y tras el *best seller* de Goleman, fuimos invadidos por una oleada de información mediática de todo tipo (prensa, libros de autoayuda, páginas web, etcétera). Por otra parte, diferentes autores, como Bar-On (1997), Cooper y Sawaf (1997), Shapiro (1997), Goleman (1998) y Gottman (1997), publicaron aproximaciones al concepto de lo más diversas, propusieron sus propios componentes de la IE y elaboraron herramientas para evaluar el concepto.

Hasta finales de la década pasada y comienzos de la actual se empezaron a dar los primeros pasos firmes en la constatación empírica de los efectos que una buena IE puede ejercer sobre las personas. En general, los primeros trabajos se encaminaron a examinar el constructo de IE, se centraron en el desarrollo teórico de modelos y la creación de instrumentos de evaluación rigurosos (Mayer *et al.*, 2000; Salovey, Woolery y Mayer, 2001). En la actualidad, existe suficiente base teórica y se han desarrollado las herramientas necesarias para examinar de forma fiable la relación de este concepto con otras variables relevantes, tanto en experimentos de laboratorio como en estudios de campo. De hecho, la línea de investigación vigente se centra en establecer la utilidad de este nuevo constructo en diversas áreas vitales de las personas, con el objetivo de demostrar cómo la IE determina nuestros comportamientos y en qué áreas de nuestra vida influye más significativamente (Extremera y Fernández-Berrocal, 2004*a*).

Para definir la inteligencia emocional un aspecto final era importante: tenía que ser distinguida de los rasgos de personalidad y de los talentos. Los rasgos de personalidad pueden ser definidos como formas características o preferidas de comportarse (por ejemplo, extraversión, timidez); y los talentos pueden definirse como capacidades no intelectuales (por ejemplo, habilidad para los deportes). Como describen Mayer y Salovey (1993): «hemos escrito en la revista *Intelligence* que la inteligencia emocional podría ser considerada una inteligencia actual y distinta, por ejemplo, de un rasgo social altamente valorado». La "bondad en las relaciones humanas" de Scarr (1989) podría ciertamente estar compuesta de rasgos como la sociabilidad, la honradez o el ser cariñoso. Pero además, allí podrían existir habilidades verdaderas tales como el conocimiento sobre lo que otra persona está sintiendo, que podría implicar un pensamiento apreciable y, por consiguiente, podría ser considerado una inteligencia.

Así, el intento de operacionalización del término "emoción" para el estudio de su implicación en la adaptación del ser humano nos conduce al concepto de "inteligencia emocional" (IE) definido por primera vez por Salovey y Mayer en 1990 y reformulado en 1997 como:

«La habilidad de percibir con exactitud, valorar y expresar emociones; la habilidad de acceder o generar sentimientos que faciliten el pensamiento; la habilidad de comprensión emocional y conocimiento emocional; y la habilidad de regular emociones para promover el crecimiento intelectual y emocional».

Para estos autores, la IE es considerada como la habilidad del procesamiento de la información emocional, igualándose a cualquier otra capacidad o habilidad cognitiva. Actualmente es la teoría que mayor aceptación ha conseguido en el ámbito científico y mayor producción investigadora ha provocado (Fernández- Berrocal *et al.*, 2006; Salguero, Iruarrizaga, 2006).

La inteligencia emocional, en apenas 15 años de vida científica (Salovey *et al.*, 1990), ha pasado de ser un concepto de moda a convertirse en un apasionante y fructífero campo de investigación. Aunque a veces enfrentados, los diversos planteamientos teóricos y de evaluación, así como las posibles implicaciones del constructo en importantes áreas del funcionamiento vital de las personas (por ejemplo, salud, educación, trabajo, familia...), se han convertido en detonantes del interés por el estudio de la IE (Fernández-Berrocal *et al.*, 2006).

En este sentido, varios autores defienden que las habilidades para identificar, asimilar, comprender y regular nuestras emociones, y las de los demás, son recursos potenciales que facilitarían un mayor afrontamiento ante los eventos estresantes (Matthews y Zeidner, 2000; Salovey *et al.*, 1999; Zeidner, Matthews y Roberts, 2006). Tanto la percepción de nuestras habilidades emocionales, evaluada mediante autoinformes de IE (Extremera y Fernández-Berrocal, 2005; Schutte, Malouff, Hall, Haggerty, Cooper, Goldmen, y Dornheim, 1998), como la destreza emocional en sí, evaluada mediante medidas de ejecución (Brackett y Salovey, 2006), son predictores significativos del bienestar emocional y del ajuste psicosocial de las personas.

La inteligencia emocional es objeto de gran interés, debido a que hay evidencia de que las diferencias individuales en el procesamiento de la información afectiva predicen el éxito (Goleman, 1995; Salovey *et al.*, 1990) y la adaptación de la persona a su medio (Boyatzis, Goleman y Rhee, 2000; Ciarrochi *et al.*, 2000) en distintos ámbitos de su vida, como el educativo (Culver y Yokomoto, 1999; Lam y Kirby, 2002) y la salud mental (Ciarrochi, Deane y Anderson, 2002; Parker, Taylor y Bagby, 2001, y Salovey, 2001).

Como afirman algunos estudios, la inteligencia emocional podría ser un recurso personal que facilitaría una mayor percepción de autoeficacia y un mejor afrontamiento de los múltiples conflictos y reacciones negativas que surgen en el entorno laboral (Gerits, Derksen y Verbruggen, 2004; Bar-On *et al.*, 2000).

Desde la aparición del constructo, la IE ha sido relacionada en la investigación con diferentes variables. En lo que concierne al ámbito educativo se pueden destacar algunos ejemplos. Se ha encontrado relación entre la inteligencia emocional y los comportamientos prosociales como ajuste social (Engelberg y Sjoberg, 2004) y actitudes cívicas (Charbonneau y Nicol, 2002). La capacidad de regular las emociones se relaciona positivamente con la cualidad de las relaciones sociales y sensibilidad social (Coté, Lopes, Salovey y Beers, 2005; Lopes, Brackett, Nezlek, Schütz, Sellin y Salovey, 2004). También se ha observado cómo la inteligencia emocional correlaciona positiva y moderadamente con la autoestima y el liderazgo, y negativamente con la ansiedad social, e incluso controlando el efecto de la personalidad e inteligencia (Barling, Slater y Kelloway, 2000; Gil-Olarte, Palomera y Brackett, 2006). Además, la IE previene comportamientos no adaptativos en la escuela, tales como el absentismo o las expulsiones por mala conducta (Petrides, Frederickson y Furnham, 2004), y promociona el rendimiento académico (Ashknasy y Dasborough, 2003; Barchard, 2003; Brackett *et al.*, 2003; Lam y Kirby, 2002). A su vez, la inteligencia emocional se relaciona positivamente con mejores niveles de ajuste psicológico (Extremera y Fernández-Berrocal, 2003) y el control del estrés (Salovey *et al.*, 2002).

Otro aspecto que hay que considerar dentro de la IE son los constructos de la personalidad ya que la predisposición para adquirir y ejecutar determinadas estrategias de regulación emocional está relacionada con los precursores temperamentales que el individuo trae al nacer. Los resultados de las investigaciones en variables temperamentales sugieren que las diferencias individuales en la reactividad y regulación emocional poseen fuertes bases genéticas y se manifiestan ya en etapas tempranas de la vida del niño (Rothbart, Ahadi y Evans, 2000).

Estas predisposiciones afectivas de base se ven reflejadas en los factores de personalidad propuestos por la taxonomía de los «cinco grandes» (John y Srivastava, 1999) y constituyen los precursores de la reevaluación y la supresión, porque tornarían más fácil o más difícil la adquisición y ejecución de

dichas estrategias (John y Gross, 2004). Los factores de personalidad según el modelo de los Cinco Grandes son factores o
tendencias básicas de respuesta con bases biológicas (McCrae
y Costa, 1996, 1999) que inician, guían o mantienen formas
de comportarse, pensar y sentir (Caspi, 1998), que resultan
relativamente estables a lo largo del tiempo (Eisenberg, Fabes,
Guthrie y Reiser, 2000).

El factor *apertura a la experiencia* implica la complejidad,
profundidad y riqueza de la vida mental y experiencial de un
individuo (Shiota, Keltner y John, 2006). El factor *conciencia*
ha sido definido como el control del impulso consensuado
socialmente que facilita el comportamiento dirigido hacia una
meta, como pensar antes de actuar y demorar la gratificación
(John *et al.*, 1999). El factor *extraversión* implica la disponibilidad energética del individuo e incluye rasgos como sociabilidad, actividad, asertividad y emociones positivas (John *et
al.*, 1999). *Neuroticismo* se define como un continuo desde
la estabilidad emocional hacia la ansiedad, el nerviosismo, la
tristeza y la tensión (Gross, 1998*a*). El factor *agradabilidad* se
refiere a las características interpersonales de preocupación
y sensibilidad hacia los otros y sus necesidades, y se organiza
en una dimensión que varía desde orientaciones prosociales,
comunitarias y altruistas hasta desconfianza y egoísmo (Roccas, Savig, Schwartz y Knafo, 2002).

Estudios empíricos basados en el modelo de rasgos han en-
contrado correlaciones significativas entre personalidad e IE
(Davies Stankov y Roberts 1998; Dawda y Hart, 2000; Newsome,
Day y Catano, 2000); generalmente, se han encontrado correla-

ciones bajas o moderadas entre ambas (Ciarrochi *et al.*, 2000; Davies *et al.*, 1998; Schutte *et al.*, 1998). Los resultados apuntan a una relación negativa fiable entre neuroticismo y diversas dimensiones de las escalas de la IE, como manejo emocional y control emocional. Así, se han hallado correlaciones significativas negativas entre el TMMS-48 y neuroticismo, y positivas con las dimensiones extraversión, cordialidad, apertura a la experiencia y escrupulosidad (Ciarrochi *et al.*, 2000; Davies *et al.*, 1998; Schutte *et al.*, 1998). En este sentido, Warwick y Nettelbeck (2004) señalan que la escala TMMS correlacionó moderadamente con extraversión y cordialidad, y débilmente con apertura, escrupulosidad y neuroticismo. Sin embargo, otros autores, como Salovey *et al.*, (1995), han señalado que los factores del TMMS-48 son diferentes de los constructos asociados, como el neuroticismo.

Modelos de la inteligencia emocional

En la actualidad asistimos al debate científico referente a cuál es la postura teórica adecuada para estudiar la inteligencia emocional y su desarrollo. Las distintas aportaciones teóricas realizadas hasta el momento denotan una pluralidad de concepciones sobre la inteligencia emocional, atendiendo a las distintas habilidades que forman parte del constructo. Esta diversidad ha sido analizada por Petrides y Furham (2000, 2001) y posteriormente reforzada por Pérez, Petrides y Furham (2005), quienes agruparon las diferentes propuestas teóricas planteadas por los distintos autores en dos modelos teóricos: uno que concibe la inteligencia emocional como habilidad, que tiene en cuenta el procesamiento de la información emocional y las capacidades relacionadas con dicho procesamiento, enfocado en las habilidades emocionales básicas (Mayer *et al.*, 1997; Mayer *et al.*, 2000 a y b), y, por otra parte, otro modelo integrado por aquellos investigadores que combinan dimensiones de personalidad como asertividad, optimismo, etcétera, con habilidades emocionales (Bar-On, 2000; Goleman, 2001), al que denominan modelo mixto. A lo largo de la última década se ha creado una clara distinción entre los modelos teóricos de inteligencia emocional de habilidad (aquellos que se focalizan en las habilidades mentales que permiten utilizar la información que nos proporcionan las emociones para mejorar el procesamiento cognitivo) y los modelos mixtos (aquellos que combinan o mezclan habilidades mentales con rasgos estables de comportamiento y variables de personalidad).

Otros autores se han ocupado de definir el constructo de inteligencia emocional: Saarni (2000), Davies *et al.*, (1998), Epstein (1998), Bar-On (1997), Shutte *et al.* (1998), y muchos otros. Algunos abogan por un marco amplio de la IE, en la cual incluyen todo lo que no queda contemplado en la inteligencia académica, como control del impulso, automotivación, relaciones sociales, etcétera (Goleman, 1995; Bar-On, 1997, 2000).

Otros se inclinan más por un concepto restrictivo de inteligencia emocional. En esta última postura están los que consideran que los conceptos científicos son específicos y restrictivos y que, en la medida que dejan de serlo, pasan a ser divulgaciones acientíficas. Mayer *et al.* (2000) están en esa última postura. La conclusión es que hay claras divergencias en cuanto al concepto de inteligencia emocional, según los autores.

El análisis de las definiciones aportadas por Salovey y Mayer (1990), Goleman (1995), Schutte *et al.* (1998), Bar-On (1997, 2000), Saarni (2000), Mayer *et al.*, (2000), etcétera, pone de manifiesto las discrepancias. Por otra parte, conviene recordar que las discrepancias sobre el concepto de inteligencia han estado presentes a lo largo de todo el siglo xx (Sternberg, 2000).

Las aportaciones de la neurociencia no permiten dirimir el litigio entre los dos modelos de inteligencia emocional (amplio o restrictivo). Sin embargo, estas investigaciones aportan evidencia que apoya la existencia de una inteligencia emocional, entendida como un conjunto de habilidades que son distintas de las habilidades cognitivas o CI (Bechara, Tranel, Damasio, 2000).

Existen dos modelos principales en el estudio de la inteligencia emocional: el modelo de rasgos y el modelo de habilidades, desde los cuales se lleva a cabo un debate en torno a la conceptualización y medición del constructo (véase tabla 1).

Aunque para algunos autores se trata de modelos complementarios (Ciarrochi *et al.*, 2000), para los autores del modelo de habilidad la inteligencia debe considerarse separada de los rasgos estables de personalidad, para poder determinar y analizar el grado en que influyen en el comportamiento de las personas y en su competencia general (Mayer *et al.*, 1993; 1997).

A continuación se esquematizan los modelos que se han desarrollado a partir de las investigaciones de diversos autores.

Tabla 1. Modelos de la IE

Mayer y Salovey (1997)	Bar-On (1997)	Goleman (1995)
Definición	**Definición**	**Definición**
Es un conjunto de habilidades que explican las diferencias individuales en el modo de percibir y/o comprender nuestras emociones. Más formalmente, es la habilidad para percibir, valorar y expresar emociones con exactitud; la habilidad para acceder y/o generar sentimientos que faciliten el pensamiento para comprender emociones y razonar emocionalmente, y, finalmente, la habilidad para regular emociones propias y ajenas (Mayer y Salovey, 1997, pág. 10)	• IE es [...] un conjunto de capacidades no-cognitivas, competencias y destrezas que influyen en nuestra habilidad para afrontar exitosamente las presiones y demandas ambientales. (Bar-On, 1997, pág. 14)	IE incluye autocontrol, entusiasmo, persistencia y la habilidad para motivarse uno mismo [...]. Hay una palabra pasada de moda que engloba todo el abanico de destrezas que integran la IE: el caracter (Goleman, 1995, pág. 28)
Habilidades integrantes	**Habilidades integrantes**	**Habilidades integrantes**
• Percepción, evaluación y expresión de las emociones • Asimilación de las emociones en nuestro pensamiento • Comprensión y análisis de las emociones • Regulación reflexiva de las emociones	• Habilidades interpersonales • Habilidades intrapersonales • Adaptabilidad • Manejo del estrés • Estado de ánimo general	• Conocimiento de las propias emociones • Manejo emocional • Automotivación • Reconocimiento de las emociones en otros • Manejo de las relaciones interpersonales
Tipo de modelo	**Tipo de modelo**	**Tipo de modelo**
Modelo de habilidad	Modelo mixto	Modelo mixto

Modelo de rasgos

Por su parte, los modelos mixtos se centran en rasgos de comportamiento estable y variables de personalidad (empatía, asertividad, impulsividad, optimismo), así como en otras muchas variables sin ninguna constatación de su verdadera vinculación con la IE (Mayer *et al.*, 1999; Mayer *et al.*, 2000*a*).

Por ejemplo, Goleman (1995) realiza una interpretación del concepto en su libro *Inteligencia emocional* en la que incluye cinco componentes básicos, aunque posteriormente incluye otro conjunto de atributos de personalidad (autoconciencia, control de impulsos, manejo de estrés), rasgos motivacionales (automotivación) o áreas comportamentales (manejo de las relaciones interpersonales) (Cabello, Ruiz-Aranda, Desirée y Fernández-Berrocal, 2010).

Goleman (1995) parte de una conceptualización más amplia al considerar la inteligencia emocional como una combinación de atributos estrechamente relacionados con la personalidad distinta del CI, y que suele ir relacionada con competencias ligadas al logro académico y profesional (Bar-On, 2000; Goleman, 1995, 1998; McCrae, 2000); Es, pues, entre otros, la inteligencia emocional un aspecto relevante que complementa y dota de una serie de habilidades y capacidades necesarias del sujeto, que favorecen y facilitan la consecución de metas en el individuo en su tarea vital, y actúa como buena predictora de la adaptación de una persona al medio (Boyatzis *et al.*, 2000; Extremera *et al.*, 2006). El punto de vista de Goleman (1995) probablemente sea el que se ha difundido más.

Recogiendo las aportaciones de Salovey *et al.* (1990) considera que la inteligencia emocional es:

1) *Conocer las propias emociones.* El principio de Sócrates "conócete a ti mismo" nos habla de esta pieza clave de la inteligencia emocional: tener conciencia de las propias emociones; reconocer un sentimiento en el momento en que ocurre. Una incapacidad en este sentido nos deja a merced de las emociones incontroladas.

2) *Manejar las emociones.* La habilidad para manejar los propios sentimientos a fin de que se expresen de forma apropiada se fundamenta en la toma de conciencia de las propias emociones. La habilidad para suavizar expresiones de ira, furia o irritabilidad es fundamental en las relaciones interpersonales.

3) *Motivarse a sí mismo.* Una emoción tiende a impulsar una acción. Por eso, las emociones y la motivación están íntimamente interrelacionadas. Encaminar las emociones, y la motivación consecuente, hacia el logro de objetivos es esencial para prestar atención, automotivarse, manejarse y realizar actividades creativas. El autocontrol emocional conlleva a demorar gratificaciones y dominar la impulsividad, lo cual suele estar presente en el logro de muchos objetivos. Las personas que poseen estas habilidades tienden a ser más productivas y efectivas en las actividades que emprenden.

4) *Reconocer las emociones de los demás.* El don de gentes fundamental es la empatía, la cual se basa en el conoci-

miento de las propias emociones. La empatía es el fundamento del altruismo. Las personas empáticas sintonizan
mejor con las sutiles señales que indican lo que los demás necesitan o desean. Esto las hace apropiadas para las
profesiones de ayuda y servicios en sentido amplio (profesores, orientadores, pedagogos, psicólogos, psicopeda-
gogos, médicos, abogados, expertos en ventas, etcétera).

5) *Establecer relaciones*. El arte de establecer buenas relaciones con los demás es, en gran medida, la habilidad
de manejar sus emociones. La competencia social y las
habilidades que conlleva son la base del liderazgo, popularidad y eficiencia interpersonal. Las personas que
dominan estas habilidades sociales son capaces de interactuar de forma suave y efectiva con los demás.

La inteligencia emocional se conceptualiza como un constructo que incluye tanto aspectos de personalidad como la
habilidad para percibir, asimilar, comprender y manejar las
emociones (Bar-On, 1997).

El modelo de competencias emocionales
Se incluye dentro del modelo de rasgos; este modelo está
en proceso de construcción, análisis y revisión permanente.
La versión que aquí se presenta es una actualización de ver-
siones anteriores (Bisquerra, 2000, 2003; Bisquerra y Pérez,
2007). Ellos entienden las competencias emocionales como
el conjunto de conocimientos, capacidades, habilidades y
actitudes necesarios para tomar conciencia, comprender, ex-

presar y regular de forma apropiada los fenómenos emocionales. La finalidad de estas competencias se orienta a aportar valor añadido a las funciones profesionales y promover el bienestar personal y social.

En el modelo que presentan, las competencias emocionales se estructuran en cinco grandes competencias o bloques: conciencia emocional, regulación emocional, autonomía personal, competencia social y habilidades de vida para el bienestar (Bisquerra, 2009).

Para Bisquerra *et al.* (2007) existe una cierta confusión entre inteligencia emocional, competencia emocional y educación emocional. Consideran que la inteligencia emocional, conocida en algunos trabajos como EI (*emotional intelligence*) o EQ (*emotional quotient*), es un constructo hipotético propio del campo de la psicología, que ha sido defendido por Salovey y Mayer (1990), Goleman (1995), Mayer *et al.* (1997), Schulze y Richard (2005), y muchos otros. Pero está sobre la mesa del debate la existencia o no de este constructo. Algunos autores (Davies *et al.*, 1998; Hedlund *et al.*, 2000; Saarni, 2000, entre otros) han cuestionado la existencia de la inteligencia emocional. Bisquerra (2003) y Pérez *et al.* (2005) exponen el recorrido histórico del concepto de inteligencia emocional, donde se pueden observar las sucesivas definiciones y debates en torno a dicho concepto que es centro de interés y discusión en numerosas investigaciones (véase por ejemplo http://eiconsortium. org). Dejamos para el campo de la psicología este debate.

Lo que no se pone en duda es la importancia y necesidad de adquirir competencias emocionales (Bar-On *et al.*, 2000,

Cohen, 1999; Elias, Tobias y Friedlander, 2001; Goleman, 1995, 1999; Saarni, 2000; Salovey y Sluyter, 1997, y un largo etcétera). La competencia emocional pone el énfasis en la interacción entre persona y ambiente, y como consecuencia confiere más importancia al aprendizaje y desarrollo. Por tanto, tiene unas aplicaciones educativas inmediatas (Bisquerra *et al.*, 2007).

Modelo de habilidades

Desde el modelo teórico de Salovey y Mayer, la inteligencia emocional es concebida como una inteligencia genuina basada en el uso adaptativo de las emociones, de manera que el individuo pueda solucionar problemas y adaptarse de forma eficaz al medio que lo rodea (Mayer *et al.*, 1993).

Desde esta primera conceptualización, los autores desarrollan su modelo teórico y lo publican en 1997, convirtiéndose en el modelo teórico con mayor rigor científico.

Se centra en la aptitud para procesar información afectiva (Zeidner *et al.*, 2001) que incluye un conjunto de habilidades relacionadas con el procesamiento emocional de la información (Fernández-Berrocal *et al.*, 2002).

La inteligencia emocional es definida como: «la habilidad para percibir, asimilar, comprender y regular las propias emociones y las de los demás promoviendo un crecimiento emocional e intelectual» (Mayer et al., 1997).

Se defiende que esta inteligencia no puede ser entendida como un rasgo de personalidad, aunque puede existir cierta interacción entre ambas (Fernández- Berrocal *et al.*, 2002).

Los autores plantean el modelo como un conjunto de habilidades que abarcan desde los procesos psicológicos más básicos (percepción de las emociones con exactitud) hasta los más complejos (regulación de las emociones y promoción del crecimiento emocional e intelectual). Así, se trata de un modelo jerárquico en el que son necesarias las habilidades más básicas para llegar a las más complejas.

A continuación definimos brevemente cada una de estas habilidades:

Percepción, evaluación y expresión de las emociones
Esta habilidad hace referencia a la exactitud con la que los individuos pueden identificar en uno mismo los correlatos fisiológicos y cognitivos que las emociones comportan. Asimismo, las emociones pueden ser reconocidas en otras personas y objetos (obras de arte, sonidos, etcétera). En esta rama se incluye, además, la capacidad para expresar las emociones de una manera adecuada.

La emoción como facilitadora del pensamiento
Esta habilidad hace referencia a cómo las emociones actúan sobre nuestro pensamiento y nuestra forma de procesar la información. Las emociones van a determinar y mejorar el pensamiento porque dirigen la atención de los individuos hacia la información importante. Las variaciones emocionales nos van a permitir adoptar diferentes puntos de vista y múltiples perspectivas de los problemas.

Comprensión emocional

La tercera rama del modelo hace referencia a la capacidad para comprender emociones y utilizar el conocimiento emocional. Incluye la capacidad para etiquetar las emociones (significante) y relacionarlas con su significado. Encierra también la habilidad para comprender emociones complejas, así como aquellas que se producen de modo simultáneo.

Regulación de las emociones

Se trata del proceso emocional de mayor complejidad y abarca la capacidad para estar abierto a las emociones, tanto positivas como negativas. Además, hace referencia a la habilidad para manejar las emociones en uno mismo y en los demás moderando las emociones negativas y aumentando las positivas sin reprimir o exagerar la información que ellas conllevan.

Para tratar de entender cómo se relacionan estas cuatro ramas del modelo de habilidades con el procesamiento de la información y perfilar su funcionamiento a nivel neurológico se expone a continuación una semblanza del modelo y su impacto en las funciones cerebrales.

Análisis de la IE desde la óptica de su efectividad predictiva

En la actualidad, varios focos de interés sobre la IE y su validez atraen la atención de los investigadores, afanados unos y otros en validar o refutar su existencia (Murphy y Allen, 2006). Uno de los temas más candentes para los defensores del constructo es la necesidad de demostrar su validez predictiva e incremental sobre aspectos del funcionamiento emocional.

A pesar de que la IE se ha promulgado como una variable crítica del bienestar psicológico, cuyas habilidades emocionales «promueven un crecimiento emocional e intelectual» (Mayer *et al.*, 1997), la mayoría de trabajos se han centrado más en problemas conceptuales, psicométricos o de evaluación (Matthews, Zeidner y Roberts, 2002). Tal objetivo se refiere a la necesidad de demostrar la utilidad práctica de la IE para explicar dominios vitales de las personas y, especialmente, analizar el grado de varianza explicativo de la IE una vez controlado el efecto de otras dimensiones que tradicionalmente han explicado el bienestar emocional.

Así, si las medidas de IE fuesen predictivas de resultados vitales importantes, independientemente de otros constructos clásicos, la IE podría ser considerada como una variable prometedora y significativa para la comprensión de indicadores adaptativos en la vida cotidiana.

En el campo empírico, gran parte de los esfuerzos se han centrado en analizar el papel de la IE en el proceso de recuperación de situaciones estresantes o traumáticas, sobre todo mediante medidas autoinformadas de IE. Por ejemplo, en la última década se ha explorado el papel de la percepción de nuestras habilidades emocionales (evaluadas con el Trait Meta-Mood Scale; TMMS, Salovey *et al.*, 1995).

Sin embargo, aún son limitados los estudios empíricos centrados en conocer cómo la IE se relaciona con la regulación de estados de ánimos negativos, tales como la ira o la depresión.

No obstante, estos trabajos han confiado en un indicador de habilidades emocionales percibidas, con las consiguientes dudas sobre si las personas son suficientemente conscientes de sus propias habilidades emocionales para informar sobre ellas de manera correcta y, en caso de que lo fueran, si los participantes no alterarían intencionadamente las puntuaciones para parecer más emocionalmente inteligentes de lo que en realidad son ante los ojos del investigador (Extremera, Fernández-Berrocal, Ruiz-Aranda y Cabello, 2006).

En este sentido, en el marco de la inteligencia emocional según el modelo de habilidad de Salovey y Mayer existen dos procedimientos diferentes de evaluación de la IE: una medida de autoinforme y un test de habilidad o de ejecución. El *Trait Meta -Mood Scale* (Salovey *et al.*, 1995) es un cuestionario de autoinforme que mide el nivel de Inteligencia Emocional Percibida (IEP) basándose en el propio metaconocimiento de los estados emocionales del sujeto. A través de sus ítems evalúa las diferencias individuales en las destrezas con las que los individuos perciben prestar atención a sus propias emociones, discriminar entre ellas y su capacidad para regularlas. Existe una versión adaptada al castellano por Fernández-Berrocal *et al.* (1999), el TMMS-24, en la que cada una de las tres dimensiones (atención, claridad y reparación emocional) está representada por 8 ítems.

Tanto la versión original como el TMMS-24 presentan propiedades psicométricas adecuadas, según los estudios de Davies *et al.* (1998) y Fernández-Berrocal *et al.* (2004). No obstante, y dado que desde la perspectiva de Mayer y Salovey se considera la IE como una inteligencia, esta se debería medir con un instrumento objetivo y mediante tareas de ejecución.

El grupo de investigación de Peter Salovey ha realizado posteriormente una aclaración terminológica sobre el TMMS.

Las puntuaciones que se obtienen a través de esta prueba hacen referencia a las percepciones que tienen las personas sobre sus propias habilidades emocionales más que a los niveles reales de IE. Por ello, los autores prefieren denominar estas puntuaciones en los factores del TMMS como un «índice de Inteligencia Emocional Percibida (IEP)» con la intención de diferenciar este indicador de IE de aquel otro que se obtiene mediante pruebas de ejecución o de habilidad (Salovey *et al.*, 2002).

Por este motivo, Mayer y Salovey desarrollaron un test de habilidad con adecuados índices de validez y fiabilidad que permite la medición de la IE de una forma más objetiva, el Mayer-Salovey-Caruso Emotional Intelligence Test (MSCEIT; Mayer *et al.*, 2002).

Algunos autores plantean ciertas dudas sobre el verdadero valor predictivo de la IE evaluada mediante autoinformes (Brackett y Geher, 2006), debido principalmente al problema del método de varianza compartida de instrumentos de IE que buscan explicar variables criterios que confían a la vez en medidas autoinformadas, por ejemplo, de síntomas depresivos (como el inventario de depresión de Beck, BDI; Beck, Rush, Shaw y Emery, 1979). Brackett *et al.* (2006) apuntan que una opción para solucionar el problema del solapamiento del método es la utilización de instrumentos diferentes de evaluación de IE, que no confíen en el índice percibido que declara la persona, sino más bien en su ejecución emocional. Instrumentos de IE como el MEIS (*Multifactor Emotional Intelligence Scale*; Mayer, Caruso y Salovey,1999) y, posteriormente, el MSCEIT (*Mayer- Salovey-Caruso Emotional Intelligence Test*; Mayer *et al.*, 2002) se desarrollaron a partir del modelo reformulado de Mayer *et al.* (1997) y contemplan en sus subescalas tareas emocionales de ejecución y de conocimiento que los participantes deben completar.

Esta metodología proporciona un indicador más objetivo que las medidas de autoinforme y, según los autores, está menos sujeta a problemas de deseabilidad social, aunque no totalmente exenta. No obstante, lo más relevante es que los test de ejecución emocional miden destrezas emocionales que, a diferencia de los autoinformes de IE, se muestran como distintos de las medidas de personalidad (Lopes *et al.*, 2003) y se relacionan moderadamente con otras formas de inteligencia como el razonamiento verbal (Brackett y Mayer, 2003).

Las puntuaciones obtenidas con el MSCEIT no correlacionan extremadamente con medidas autoinformadas de IE (Brackett *et al.*, 2003; Barchard *et al.*, 2004), sugiriendo que ambas formas de evaluación (autoinforme *versus* ejecución) están midiendo aspectos y procesos diferentes del funcionamiento emocional de un mismo individuo (para un análisis comparativo de medidas, véase Extremera *et al.*, 2004*a*). En definitiva, bajo estos presupuestos las medidas de ejecución complementarían las de autoinforme y permitirían arrojar mayor luz sobre si la IE, entendida como una capacidad de procesamiento emocional, predice diferentes dominios relacionados con el funcionamiento psicológico de las personas, evitando los sesgos evaluativos propios de las medidas autoinformadas. Algunos autores han encontrado que el MSCEIT predice positivamente importantes resultados de la vida, tales como mejores relaciones interpersonales (Brackett, Rivers, Shiffman, Lerner y Salovey, 2006; Extremera *et al.*, 2004*b*; Lopes, Salovey, Cote y Beers, 2005), menor conflicto entre parejas (Brackett, Warner y Bosco, 2005), menor consumo de sustancias (Trinidad *et al.*, 2002) y mayor éxito en el trabajo (Lopes, Grewal, Kadis, Gall y Salovey, 2006).

El *Trait Meta-Mood Scale* (TMMS), (Salovey *et al.*, 1995) ha sido adaptado al castellano por Fernández-Berrocal *et al.* (2004) y denominado TMMS-*24*. Este instrumento está integrado por 24 ítems y proporciona un indicador de los niveles de IE percibida. A los sujetos se les pide que evalúen el grado en el que están de acuerdo con cada uno de los ítems sobre una escala tipo Likert de 5 puntos, que varían desde Nada de acuerdo (1) a Totalmente de acuerdo (5). La escala está compuesta por tres subfactores: atención a los propios sentimientos, claridad emocional, y reparación de las emociones. La atención a las emociones, que se evalúa a través de los primeros 8 ítems, es el grado en el que las personas creen prestar atención a sus sentimientos (por ejemplo: «Pienso en mi estado de ánimo constantemente»). La claridad emocional, que se evalúa a través de los siguientes 8 ítems, se refiere a cómo creen percibir sus emociones las personas (por ejemplo: «Frecuentemente me equivoco con mis sentimientos»). Y la reparación emocional, que se evalúa con los últimos 8 ítems restantes, se refiere a la creencia del sujeto en su capacidad para interrumpir estados emocionales negativos y prolongar los positivos (por ejemplo: «Aunque a veces me siento triste, suelo tener una visión optimista»). Fernández-Berrocal *et al.* (2004) han encontrado una consistencia interna de .90 para atención, .90 para claridad y .86 para reparación, mejorando las propiedades psicométricas de la versión extensa de 48 items (para atención .86; para claridad .87, y para reparación .82; Salovey *et al.*, 1995).

El TMMS es una medida de la inteligencia emocional percibida (IEP) o el conocimiento que cada persona tiene sobre sus propias habilidades emocionales (Salovey *et al.*, 2001; Salovey *et al.*, 2002). Específicamente, el TMMS es una medida de las creencias relacionadas con la atención emocional (es decir, la atención prestada a nuestros propios estados emocionales), la claridad (la comprensión de nuestros estados emocionales) y la regulación emocional (la habilidad de regular nuestros estados emocionales) (Sánchez, Montañés, Latorre y Fernández-Berrocal, 2006).

A su vez, la investigación que ha utilizado el TMMS para evaluar los niveles de atención, claridad y reparación de las emociones ha revelado la existencia de un perfil diferencial en sus componentes (Extremera *et al.*, 2005). Así, las personas con alta IE tienen un modelo caracterizado por puntuaciones de moderadas a bajas en atención emocional y altas puntuaciones en claridad y reparación (Salovey *et al.*, 1999).

Las personas con mayores puntuaciones en claridad y reparación percibida presentan mejores índices de salud mental (Catanzaro, 2000; Extremera *et al.*, 2006; Extremera *et al.*, 2003; Fernández-Berrocal, Alcaide, Extremera y Pizarro, 2006; Fernández- Berrocal, Alcaide y Ramos, 1999; Fernández-Berrocal *et al.*, 2001; Fernández-Berrocal *et al.*, 2002; Latorre y Montañés, 2004; Salovey *et al.*, 1999; Salovey *et al.*, 1995; Salovey 2001; Salovey *et al.*, 2002).

Programas de la inteligencia emocional

En los últimos años se han llevado a cabo diferentes programas para el desarrollo de las habilidades emocionales, aunque pocos han demostrado su eficacia, ya que no se encuentran debidamente evaluados y, además, la mayoría de ellos no están basados en un modelo teórico sólido.

El propósito de este apartado es presentar algunos programas que han sido diseñados para mejorar las habilidades emocionales de los adultos; describimos algunos trabajos realizados, que tratan de manera sistemática y rigurosa de probar la eficacia de la educación emocional a través de la IE.

En Bélgica, Nelis, Quoidbach, Mikolajczak & Hansenne (2009) han diseñado un programa de intervención para desarrollar las habilidades emocionales, basado en el modelo teórico de Mayer *et al.* (1997) y estructurado según las cuatro habilidades de este modelo. Este programa se centra en el conocimiento emocional y en cómo aplicar estas habilidades emocionales en la vida diaria. Esta intervención consta de cuatro sesiones con una duración de dos horas y media cada una que se distribuyen a lo largo de un mes. Los resultados señalan que aquellas personas que han participado en este programa mejoran su capacidad para identificar y manejar las emociones en comparación con aquellas personas que no habían participado. Seis meses después del entrenamiento se seguían manteniendo estas mejoras.

Dentro del ámbito educativo, Brackett, Alster, Wolfe, Katulak y Fale (2007) proponen un modelo sobre cómo implementar con éxito un programa de aprendizaje socioemocional en Valley Stream (Nueva York). Su trabajo incluye dos talleres para profesores y personal del colegio. En el primer taller de trabajo, los participantes aprenden estrategias y técnicas para incrementar la conciencia de la importancia de las habilidades emocionales y para aumentar sus destrezas a la hora de emplear estas habilidades en sus relaciones sociales y personales. En estas sesiones de trabajo se les proporciona información detallada del modelo de Mayer *et al.* (1997), conocimiento de cómo las habilidades de la inteligencia emocional pueden ser aplicadas a la práctica profesional y estrategias innovadoras para poder incrementar cada habilidad de la inteligencia emocional empleando diversas actividades. Al finalizar este taller se evalúa a través de un cuestionario y de la experiencia de los asistentes. Seis meses después del entrenamiento entrevistaron a los participantes. Los autores descubrieron una serie de mejoras que los asistentes atribuían a lo que habían aprendido en el grupo de trabajo. Los profesores reconocieron la necesidad de ser sensibles a las emociones que los alumnos traían desde su casa y conceder un espacio en el aula para poder trabajar con ellas. Actualmente, los autores están diseñando estudios para examinar si el entrenamiento en inteligencia emocional en estos grupos de trabajo produce cambios cuantificables en los niveles de inteligencia emocional y en el estrés relacionado con el trabajo.

En el taller de Docentes se entrena a los profesores para que puedan desarrollar en el aula un programa de aprendizaje socioemocional. En este caso se aplicó el Emotional Literacy in the Middle School: A Six Step Program to Promote Social, Emotional and Academic Learning (ELMS) (Maurer & Brackett, 2004). Tras la evaluación, los profesores declaraban mantener relaciones más positivas con sus alumnos, se sentían más cómodos a la hora de compartir sus propias emociones y sus experiencias con los estudiantes.

Asimismo, poseían una mejor capacidad para reconocer y responder de manera constructiva a las necesidades emocionales y sociales de los estudiantes. Manifestaban una mayor conciencia de sus propias emociones y de cómo podían contribuir para favorecer un clima saludable en clase (Brackett & Katulak, 2006).

En España, también empiezan a aparecer programas de alfabetización emocional y de aprendizaje socio-afectivo que educan al alumno en una serie de capacidades elementales y necesarias destinadas al bienestar individual (para una revisión detallada, véase el informe sobre la educación emocional y social en España; Fernández-Berrocal, 2008). Por ejemplo, es de destacar la labor realizada en Santander por la Fundación Marcelino Botín, a través de la experiencia educativa denominada Educación Responsable, en la que se lleva a cabo un proceso de investigación, creación, implementación, apoyo y evaluación para ofrecer recursos y técnicas que faciliten el aprendizaje cognitivo y socioemocional de los jóvenes.

En Guipúzcoa se está desarrollando en la actualidad una actuación integral con políticas públicas de promoción de la inteligencia emocional. Se trata de una actuación pionera por su concepción, tratamiento y orientación territorial que integra diferentes ámbitos de intervención (centros educativos, familias, núcleos comunitarios y ámbitos organizativos) y herramientas de intervención aplicadas. En el ámbito educativo se incluye la formación en inteligencia emocional del profesor y el equipo directivo. Aunque los resultados no han sido publicados en la actualidad, el efecto de la formación de los profesores y el personal directivo ha sido evaluado con un diseño pretest-intervención-postest.

Por otro lado, en Cataluña el GROP (Grup de Recerca en Orientació Psicopedagògica del departamento de Métodos de Investigación y Diagnóstico en Educación [MIDE] de la Universidad de Barcelona) se fundó con el objetivo de investigar sobre orientación psicopedagógica en general, y más específicamente sobre educación emocional. En la actualidad, el GROP centra sus actividades tanto de investigación como de formación en la educación emocional. Dentro de este grupo de investigación, Soldevila, Filella y Agulló (2007) han diseñado una intervención para la formación del profesorado en educación emocional realizada bajo la modalidad de asesoramiento y, en concreto, del modelo de consulta colaborativa. Este modelo se caracteriza porque considera indispensable establecer colaboración entre el equipo de maestros y el equipo asesor, y el diseño del programa de educación emocional por implementar se elabora conjuntamente. Para analizar los efectos de la formación en educación emocional de los profesores se aplicó un cuestionario de sus conocimientos en el ámbito de educación emocional como medida pretest y postest. Los resultados mostraron un aumento en el conocimiento emocional de los profesores a la hora de aplicar un programa. A continuación presentamos algunos ejemplos sencillos y prácticos para ayudar a desarrollar y mejorar las habilidades emocionales del profesorado.

En el Laboratorio de Emociones de la Universidad de Málaga se ha puesto en práctica un curso de IE con numerosos grupos de docentes de diferentes provincias españolas (para una propuesta similar con adultos, véase Fernández-Berrocal *et al.*, 2004). El curso es de carácter eminentemente práctico y vivencial, y persigue que el profesorado mejore sus propias habilidades emocionales para que a su vez este desarrollo repercuta en su vida personal y laboral.

Aunque la duración del curso debe resultar flexible para adecuarse a las necesidades de cada grupo docente, el formato que proponemos es de perspectiva práctica, con una estructura basada en el modelo teórico de Mayer *et al.* (1997) y una duración de 45 horas: 40 presenciales y 5 horas de seguimiento en línea por parte de los profesores del curso. Pasadas las 8 primeras sesiones, durante un periodo de un mes se suspenden las clases presenciales. A lo largo de este mes, los asistentes al curso deben poner en práctica en sus aulas lo aprendido hasta ese momento de modo transversal, esto es, elaborar unas unidades didácticas que desarrollen los aspectos socio-emocionales a través de diversas materias como literatura, matemáticas, educación física, etcétera. Para ello, los asistentes al curso cuentan con 5 horas cada uno de seguimiento en línea por parte de los profesores del curso. Tras este intervalo de tiempo se reanudan las sesiones presenciales novena y décima en las que cada uno de los asistentes describe la aplicación que ha llevado a cabo en su aula.

A manera de conclusión se puede decir que el modelo teórico propuesto por Mayer y Salovey, donde conceptualizan la inteligencia emocional como un conjunto de habilidades que componen una inteligencia genuina (Mayer *et al.*, 2008), y que por tanto es posible desarrollar, se nos presenta como el modelo a partir del cual la investigación empírica y el desarrollo de programas de entrenamiento cobran sentido y mayor rigurosidad y coherencia. Además, el hecho de que el modelo esté constituido por cuatro ramas de habilidades permite desarrollar programas bien estructurados que admitan su fácil aplicación, seguimiento y evaluación. Actualmente, los autores mantienen las habilidades incluidas en esta reformulación (Mayer *et al.*, 1999) y siguen definiendo la IE como: «la capacidad para procesar la información emocional con exactitud y eficacia, incluyéndose la capacidad para percibir, asimilar, comprender y regular las emociones» (Mayer *et al.*, 2000*a*). Esencialmente, según esta definición de IE, se trataría de la habilidad para unificar emociones a fin de facilitar el razonamiento más inteligente y pensar más inteligentemente sobre nuestra vida emocional (Mayer *et al.*, 1997).

3. Mindfulness

> «Te busqué desde que tuve conciencia de que existías,
> Te busqué por mar, tierra y aire y no te encontré,
> Un día me di cuenta de que estabas dentro de mí
> Y desde entonces vivo con plenitud...»
>
> HÉCTOR ENRÍQUEZ

Introducción

A las puertas del nuevo milenio estamos siendo observadores participantes de cambios tecnológicos y sociales que nos sitúan en el comienzo de una nueva era.

La transformación de la convivencia y de la conciencia humana que se está produciendo ante nuestros ojos, gracias a las nuevas tecnologías de la comunicación, carece de precedentes en nuestra historia, y tal vez solo pueda ser comparada con los cambios que se produjeron con la aparición del alfabeto en Grecia (s. v a. de C.), que permitieron la emergencia del pensamiento racional. Ahora, en esta encrucijada histórica en la que estamos las prácticas meditativas de la atención plena (mindfulness), cultivadas desde hace siglos en las tradiciones contemplativas orientales, se han conceptualizado como habilidades psicológicas y están siendo adaptadas e incorporadas a la teoría, la práctica y la investigación en la psicología de la salud, la psicoterapia y las neurociencias. En la literatura empírica actual, las intervenciones clínicas basadas en la formación en habilidades mindfulness se describen con mayor frecuencia, y su popularidad parece estar creciendo rápidamente. Según Salmon, Santorelli y Kabat-Zinn (1998), más de 240 hospitales y clínicas en los Estados Unidos y el extranjero ofrecen programas de reducción del estrés sobre la base de entrenamiento de mindfulness.

Mindfulness no es un descubrimiento moderno, aunque vivamos ahora su redescubrimiento (y un cierto reencuentro) en el marco de la cultura occidental.

Mindfulness existe desde el momento mismo en que los primeros cerebros humanos comenzaron a transformar el planeta, aunque probablemente nunca sabremos cuándo vivieron los representantes más primitivos de nuestra especie que practicaron alguna forma de mindfulness de manera sistemática. Sí que sabemos que, hace unos 2 500 años, se alcanzó una cima en esta práctica, concretamente en la figura de Siddharta Gautama (el Buda Shakyamuni), que fue el iniciador de una tradición religiosa y filosófica ampliamente extendida por todo el mundo (el budismo) y cuya piedra angular es, precisamente, la práctica de mindfulness.

Estamos seguros, sin embargo, de que mindfulness no empezó con el Buda Shakyamuni. Él perfeccionó extraordinariamente un procedimiento que había recibido de otros maestros y que probablemente existiera desde mucho tiempo antes. Por ejemplo, el origen de la tradición tibetana del Bön se sitúa unos 17000 años antes de Cristo y, aunque no existen pruebas que sustenten esta afirmación, no podemos descartar que alguna forma de mindfulness no fuera practicada ya por seres humanos muy primitivos (Simón, 2007).

La práctica de meditación más utilizada hoy en día en Occidente es la meditación *vipassana* (en inglés, *insight meditation*) que se traduce habitualmente como conocimiento intuitivo, visión cabal, o, simplemente, se dice "vipasana" también entre nosotros. La técnica más utilizada, sobre todo al principio, consiste en centrar la atención sobre la respiración, siguiendo el ritmo inspiración-espiración en cada movimiento respiratorio.

Cuando la mente se aparta de su objeto, el sujeto vuelve suavemente a dirigir la atención hacia la respiración. Esta parte de la práctica coincide en las tres tradiciones probablemente más extendidas en Occidente: la tradición Theravada del sudeste asiático, la tradición Zen (de origen chino originalmente), y las diversas escuelas del budismo tibetano (para una elaboración más detallada, véase Lutz, Dunne y Davidson, 2007). Existen muchas otras prácticas, bien específicas de cada tradición, bien compartidas por varias, pero la concentración en la respiración es un elemento común y básico a las diversas tradiciones budistas.

No existe todavía en castellano una traducción consensuada de la palabra inglesa mindfulness que, a su vez, hace referencia al término *sati* (en pali). Algunos autores se decantan por traducirla como "conciencia plena", otros por "atención plena", y otros prefieren no traducirla y dejar el término en inglés. La dificultad reside en que *sati* tiene un significado específico en la práctica de la meditación *vipassana* o mindfulness. Se refiere, a la vez, a dos cosas: por un lado, se refiere a prestar atención a lo que estamos haciendo, pero se refiere también a recordarnos prestar atención a lo que tenemos que estar haciendo si hemos dejado de hacerlo. Con frecuencia, estas dos funciones se traducen como atender y darse cuenta. Ambas están incluidas en el significado de mindfulness. Una opción por vivir lo que acontece en el momento actual, el aquí y el ahora, frente al vivir en la irrealidad, el soñar despierto (Vallejo, 2006).

En este trabajo se ha optado por utilizar mindfulness en la mayoría de los casos, frente a atención plena, que es la traducción más aceptada, pero que no refleja todos los matices que la palabra trae consigo.

La definición de mindfulness más utilizada en psicología es la de Kabat-Zinn (2003) que la define como:

> «la conciencia que surge de prestar atención, de forma intencional a la experiencia tal y como es en el momento presente, sin juzgarla, sin evaluarla y sin reaccionar a ella"».

Además, la práctica de mindfulness supone dirigir la atención al momento presente que estamos viviendo, con una actitud de compasión, interés, apertura y amabilidad, independientemente de si la experiencia resulta agradable o desagradable.

Las connotaciones psicológicas del término son evidentes, aunque trasciende lo meramente psicológico e impregna, en un modo más amplio, un sentido de vida, una filosofía de la vida y una praxis, una manera de conducirse en situaciones y momentos concretos. El mindfulness no puede ser entendido de forma genérica, sino que siempre se refiere a un momento temporal concreto (presente).

En realidad, mindfulness es, en sí mismo, algo muy simple y familiar, algo que todos nosotros hemos experimentado en numerosas ocasiones de nuestra vida cotidiana. Cuando somos conscientes de lo que estamos haciendo, pensando o sintiendo, estamos practicando mindfulness. Lo que sucede es que habitualmente nuestra mente se encuentra vagando sin orientación alguna, saltando de unas imágenes a otras, de unos a otros pensamientos. El primer efecto de la práctica de mindfulness es el desarrollo de la capacidad de concentración de la mente. El aumento de la concentración trae consigo la serenidad. Y el cultivo de la serenidad nos conduce a un aumento de la comprensión de la realidad (tanto externa como interna) y nos aproxima a percibir la realidad (Simón, 2007).

Desde un punto de vista psicológico, también se ha venido a considerar como un constructo de personalidad. Se pretende medir cuánto mindfulness "tiene" una persona y cómo puede afectar esto a diversas dimensiones psicológicas, así como a procesos concretos.

Se considera también como una técnica y como un componente de las terapias desarrolladas en el marco del conductismo radical y contextual: terapia de aceptación y compromiso, terapia de conducta dialéctica o psicoterapia analítica funcional (Vallejo, 2006). Las terapias cognitivas constituyen un terreno fecundo en el que las técnicas relacionadas con mindfulness pueden implantarse y fructificar.

Aunque mindfulness no es un fenómeno exclusivamente cognitivo, sí que se caracteriza por un fuerte componente de ese carácter. El cultivo de mindfulness tiene que ver con la calidad de la conciencia con la que vivimos nuestras vidas. Podemos vivir con "piloto automático" o podemos vivir con mindfulness. La diferencia está en la forma en la que estamos presentes en nuestra experiencia. En el primer caso estamos nada más que de cuerpo presente mientras la mente está quién sabe dónde. En el segundo caso, en cambio, estamos presentes en nuestra experiencia con todos nuestros sentidos. Estar presente, en castellano, tiene la doble acepción de estar en el momento presente, pero también de estar con presencia. Asimismo, mindfulness también se refiere a lo que Damasio (1999) ha llamado «la sensación de ser en el conocer», que se produce en el nivel de la conciencia central o nuclear.

A pesar de que está siendo adaptada de las tradiciones budistas, mindfulness integra temas de las teorías cognitivas, conductuales, experienciales y psicodinámicas (Martin, 1997).

Mindfulness se introdujo en la configuración secular terapéutica a través de la labor pionera de Kabat-Zinn (Kabat-Zinn, 1982, 1990), que desarrolló el mindfulness-based stress reduction program (MBSR), y Linehan (1993), que desarrolló la terapia conductual dialéctica para el trastorno límite de personalidad.

Jon Kabat-Zinn es, no obstante, quien popularizó e impulsó el uso de la meditación mindfulness como procedimiento para el tratamiento de trastornos psicofisiológicos o psicosomáticos. En 1979 creó el Centro mindfulness en la facultad de Medicina de la Universidad de Massachusetts para tratar aquellos casos y problemas clínicos que no respondían adecuadamente al tratamiento médico convencional. Desde entonces, el centro viene aplicando el MBSR a un amplio número de personas. Más de 15 000 pacientes han seguido el programa en ese centro, además de otros muchos que se han aplicado en otros países. Esta actividad clínica ha supuesto también resultados en diversas investigaciones científicas. En ellas se ha constatado, por ejemplo, la utilidad del programa para modificar ciertas funciones fisiológicas e inmunitarias (Davidson, 2003). Lo cierto es que desde la publicación en 1982 del primer trabajo sobre dolor crónico (Kabat-Zin, 1982) han aparecido estudios que muestran su utilidad en trastornos de ansiedad (Kabat-Zin, Massion, Kristeller, Peterson, Fletcher y Pbert, 1992) o en psoriasis (Kabat-Zin, Wheeler, Ligth, Skillings, Scharf y Cropley, 1998), por ejemplo. Paul Grossman dirige el Instituto de Investigación mindfulness de la Universidad de Friburgo en Alemania y se centra también en el mindfulness como programa de control de estrés. Ha publicado recientemente un meta-análisis (Grossman, Niemann, Schmidt y Walach, 2004) sobre el uso de estos programas, y en él se constata que a pesar de que aún el número de estudios es pequeño, los resultados muestran la utilidad del procedimiento tanto en muestras clínicas como en personas normales.

Además de los trabajos recogidos en el meta-análisis cabe añadir otras aportaciones más recientes que muestran la utilidad del programa en casos de cáncer (Tacón, Caldera y Ronaghan, 2004) y en trasplante de órganos (Gross, Kreitzer, Russas, Treesak, Frazier y Herts, 2004).

Más allá del uso de la meditación mindfulness como procedimiento de reducción del estrés, el mindfulness ha sido integrado en procedimientos clínicos de gran interés y que, además, han aportado evidencia empírica de su utilidad.

Basándonos en los fundamentos de la práctica de mindfulness que hace Kabat-Zinn (1990), existen siete factores relacionados con la actitud que constituyen los principales soportes de la práctica del mindfulness. Cada uno de ellos influye y se basa en el grado en que seamos capaces de cultivar los otros.

Trabajar con uno de ellos nos lleva con toda rapidez a hacerlo con los demás. Juntos constituyen la base sobre la que se construye una sólida práctica del mindfulness (Ramos y Hernández, 2008).

Estos componentes constituyen el eje central de mindfulness:

No juzgar
La atención plena se cultiva asumiendo la postura de testigos imparciales de nuestra propia experiencia: siendo conscientes del constante flujo de juicios y de reacciones a experiencias, tanto internas como externas, para así poder salir de ellas. Es importante en la práctica darse cuenta de esta capacidad enjuiciadora y limitarse a observar el ir y venir de

pensamientos y juicios, no hay que actuar sobre ellos, ni bloquearlos ni aferrarse, simplemente se observan y se dejan ir.

Paciencia

La paciencia demuestra que comprendemos y aceptamos el hecho de que, a veces, las cosas se tengan que desplegar cuando les toca; permitir que las cosas sucedan a su debido tiempo. La práctica de la paciencia nos recuerda que no tenemos que llenar de actividad e ideas nuestros momentos para que se enriquezcan. Tener paciencia consiste sencillamente en estar totalmente abierto a cada momento, aceptándolo como tal.

Mente de principiante

Para ver la riqueza del momento presente, el mindfulness enseña a promoverla a través de lo que se viene denominando "mente de principiante", que es la actitud mental de estar dispuesto a ver las cosas como si fuera la primera vez y mantenerse abierto a nuevas potencialidades.

Confianza

El desarrollo de una confianza básica en uno mismo y en sus sentimientos constituye parte integrante del entrenamiento en mindfulness. Se recomienda confiar en la intuición y en la propia autoridad; aunque se puedan cometer algunos "errores" en el momento, es preferible a buscar siempre una guía en el exterior.

No esforzarse

En el momento en que se utiliza el mindfulness como un objetivo, o como un medio para algo, se está dejando de meditar. Por paradójico que parezca, meditar es el no hacer, por eso cualquier esfuerzo por conseguir que la meditación tenga una finalidad no es más que un pensamiento más que está entorpeciendo la atención plena.

La aceptación

La aceptación significa ver las cosas como son en el presente. Es mostrarse receptivo y abierto a lo que siente, piense y vea, y aceptarlo porque está ahí y en ese momento.

Ceder/dejar ir

Ceder significa no apegarse, es dejar de lado la tendencia a elevar determinados aspectos de la experiencia y a rechazar otros. En la práctica del mindfulness se deja de lado la tendencia a elevar determinados aspectos de la experiencia y a rechazar otros. Lo único que se debe hacer es dejar la experiencia tal y como es.

En contraposición al estado de conciencia podemos referirnos al estado *mindless,* que es la analogía de la relación entre ausencia de mindfulness *y mindlessness* (Brown y Ryan, 2003). *Mindlessness* ocurre al encontrarnos ensimismados en pensamientos y opiniones en ausencia de atención consciente y de una forma que resulta no adaptativa. Como cuando existe una preocupación, rumiación o fantasía que detraen la calidad de la implicación del individuo de lo que está focalmente presente. Mindfulness resulta también comprometido cuando nos comportamos de una forma compulsiva o automática, sin darnos cuenta o sin prestar atención a nuestra conducta (Deci & Ryan, 1980). Algunas características o ejemplos que se han asociado al estado de *mindless* son:

- Precipitarse en la realización de actividades sin prestar atención.
- No darnos cuenta de las sensaciones sutiles de tensión física o malestar.
- Descubrirnos rumiando el pasado o preocupándonos del futuro en piloto automático.
- Ingerir alimentos sin conciencia de estar comiendo.
- Romper o derramar cosas como consecuencia de descuidos, inatención, o estar pensando en otra cosa.
- No escuchar con atención.

La ausencia de mindfulness puede en ocasiones responder a un intento defensivo por parte del individuo, que trata de no atender a un pensamiento o emoción. Al contrario, cuando estamos en un estado Mindful nuestra atención no se resiste a lo que sucede en el momento presente (Brown & Ryan, 2003).

Mindfulness como constructo psicológico

En el ámbito de la psicología contemporánea, el mindfulness ha sido adoptado como una aproximación para incrementar la conciencia y afrontar hábilmente los procesos mentales que contribuyen al desequilibrio emocional y la conducta disfuncional.

Según Germer (2005), el término *sati* (mindfulness) connota tanto la conciencia que corresponde a darse cuenta (*awareness*), la atención (*attention*), como rememorar (*remembering*). A su vez, Brown *et al.* (2003) definen *awareness* y *attention* bajo el paraguas de la conciencia (*consciousness*), implicando a ambos en el mindfulness. Según ellos, *awareness* es como el radar de fondo de *conciousness* que de forma continua monitoriza el entorno interno y externo. Uno puede ser consciente de un estímulo sin que sea el centro de atención. Mientras que la atención captaría "figuras" fuera del campo de *awareness*, sosteniéndolas focalmente por un periodo de tiempo. Según este modelo, *awareness* corresponde a la experiencia subjetiva de los fenómenos internos y externos, y la atención es la que dirige el foco de la percepción a los fenómenos seleccionados de la realidad. Por ejemplo, es posible que al conducir un coche por una ruta familiar lo hagamos en piloto automático, conscientes vagamente de la carretera, pero respondemos con inmediatez al piloto automático o a soñar despiertos. Mindfulness conlleva un realce de la atención y *awarenes* ("el darse cuenta"), de la experiencia del momento presente.

En el año 2004, un numeroso grupo de investigadores y clínicos liderados por Bishop, entre cuyos participantes se encontraba Segal, publicaron una sólida propuesta de definición operativa de mindfulness (Bishop *et al.*, 2004). Lo hacían en el marco de un modelo donde se contemplan dos componentes fundamentales en mindfulness:

- Autorregulación de la atención hacia el momento presente
- Actitud de curiosidad, apertura y aceptación de la experiencia en el momento presente.

En la aproximación de Bishop y colaboradores (2004), la práctica de mindfulness puede ser conceptualizada como un proceso de conciencia investigadora que implica la observación del siempre cambiante flujo de la experiencia íntima. El término "investigación" se refiere al esfuerzo de sostener la observación de los pensamientos y sentimientos con la intención de lograr una mayor comprensión de su naturaleza. Según describen estos autores, el cliente es instruido a notar cada objeto en el flujo de su conciencia (por ejemplo, un sentimiento), a discriminar entre diferentes elementos de la experiencia (por ejemplo, una sensación asociada a un sentimiento emocional, una sensación asociada al tacto) y observar cómo una experiencia da origen a otra (por ejemplo, un sentimiento evoca un pensamiento crítico, y este pensamiento crítico produce un aumento de la valencia de desagrado del sentimiento).

Se puede decir que hay un cierto consenso en la distinción de dos componentes en mindfulness (Bishop *et al.*, 2004). Por una parte existe el componente básico, la característica fundamental de mindfulness, que consiste en mantener la atención centrada en la experiencia inmediata del presente. Es, por decirlo así, la instrucción eje que hay que seguir; ser conscientes de lo que sucede en el presente inmediato. Se centra en la autorregulación de la atención, la que es mantenida en la experiencia inmediata. Esto implica atención sostenida, la habilidad de cambiar de nuevo a la experiencia si la mente se distrae, y la conciencia no valorativa de pensamientos, sentimientos y sensaciones (Hayes y Feldman, 2004).

Y el segundo componente es la actitud con la que se aborda el ejercicio del primer componente, es decir, cómo se viven esas experiencias del momento presente. Implica acercarse a la experiencia de uno con una orientación de la curiosidad y la aceptación, independientemente de la valencia y la conveniencia de la experiencia.

En este contexto, según Bishop y colaboradores, mindfulness puede ser considerado como una habilidad metacognitiva (cognición de nuestra propia cognición; Flavell, 1979). La metacognición ha sido relacionada con dos procesos: vigilancia y control (Nelson, Stuart, Howard y Crowley, 1999), procesos que se pueden vincular a los aspectos de observación y de autorregulación de la atención que están implícitos en mindfulness. Sin embargo, Brown *et al.* (2003) entienden que la cognición y la consciencia son distintas modalidades de procesamiento y que mindfulness difiere de un proceso metacognitivo en que su modo de operación es perceptivo, operando "sobre" el pensamiento, la emoción y otros contenidos de la consciencia, más que "dentro" de ellos. También señalan una carencia en el modelo de Bishop, en la descripción del componente de autorregulación de la atención, al no discriminar entre atención y *awareness* como características principales de la consciencia. Además, creen importante esta distinción de cara a la promoción de la práctica de mindfulness. Según ellos, Bishop y colaboradores, no aclaran la relación entre las practicas que sugieren, por un lado, realizar la focalización de la atención (por ejemplo, en la respiración) y, por otro, darse cuenta con curiosidad de adónde o cómo divaga la mente. Igualmente, Cardaciotto (2005) señala que definir el componente comportamental de mindfulness como atención puede resultar problemático, ya que cualquier autorregulación de la atención puede ser incoherente con la aceptación y la apertura, y por tanto con él.

Por otra parte, al considerar la posible dicotomía de focalizar la atención en la experiencia interna o en la experiencia externa, en la literatura se han adoptado diversas orientaciones. Mientras Bishop y colaboradores (2004) resaltan la autorregulación de la atención de forma que se mantenga en la experiencia interna, Brown y Ryan (2004) la enfocan más bien en atender a las actividades de la vida cotidiana, congruentemente con el único factor de "presencia" que proponen para evaluar mindfulness (Mindfulness Attention Awareness Scale, MAAS; Brown *et al.* 2003). Por su parte, Safran y Muran (2005) señalan los procesos internos como objeto de la atención junto al recuerdo, al igual que Germer (2005*a*), de tomar conciencia y reenfocar la atención cuando se nos haya perdido la actitud de observador, al absorberse nuestra atención en algún pensamiento, sentimiento o fantasía. Pérez *et al.* (2007) indican la posibilidad de compatibilizar estos planteamientos divergentes si se asume que el objeto de atención puede variar en función del momento, de forma que, mientras se medita, la atención puede estar enfocada en los propios procesos internos, y en la vida cotidiana centrarse en la tarea que estemos realizando.

Además de las ya señaladas, existen otras características propuestas por diversos autores, con variaciones más o menos significativas del modelo anterior. Por ejemplo, Shapiro, Carlson, Astin y Freedman (2006) aportan un modelo de mindfulness donde postulan la existencia de tres componentes –intención, atención y actitud–, presentándolos como aspectos no separados entre sí, sino entretejiéndose en su ocurrencia simultánea. Según estos autores, atender intencionalmente con apertura y sin enjuiciamiento conduce a un cambio significativo de la perspectiva que denominan *reperceiving* (volver a darse cuenta). Este cambio conlleva a ser un simple testigo de la propia vida des-identificándose del drama personal. Este proceso de *reperceiving* lo categorizan como un meta-mecanismo de acción que engloba cuatro mecanismos; entre estos mecanismos describen la autorregulación, la clarificación de valores, la flexibilidad cognitiva, emocional y conductual y la exposición. Estos procesos no los plantean de un modo lineal, sino que de forma interactiva cada variable afecta y da soporte a las otras, conduciendo a un cambio y resultado positivo. Además, sugieren que *reperceiving* puede ser descrito como una rotación en la conciencia, en la cual lo que era previamente el "sujeto" alcanza a ser el "objeto", en analogía a lo que ha sido señalado por los psicólogos del desarrollo como una clave del desarrollo evolutivo a lo largo de la vida en el cambio gradual de perspectiva de la subjetividad a la objetividad. Aunque creemos entender a estos autores, advertimos que la terminología "sujeto"-"objeto" puede ser polisémica dependiendo del nivel de análisis que se adopte, y por ende no es la más adecuada para evitar la ambigüedad.

Por otra parte, Pérez *et al.* (2007) enfocan la exploración de los componentes de mindfulness tratando de responder a la pregunta formulada por Baer, Smith & Allen (2004): «¿Qué hace una persona cuando piensa/actúa con mindfulness?». Su respuesta contempla los siguientes aspectos interdependientes: atención al momento presente, apertura a la experiencia, aceptación, dejar pasar, e intención. El componente de dejar pasar, consiste en no dejarse atrapar por ningún pensamiento, sentimiento, sensación o deseo, es decir, en no apegarse ni identificarse con ellos. Este componente, a su vez, está relacionado con la comprensión de que los pensamientos no son reflejos inequívocos de la realidad o proceso de "de-fusión" cognitiva. Pérez *et al.* (2007) señalan que estos aspectos o componentes provienen del Zen, a pesar de que este hecho a veces no sea reconocido en la literatura.

Elementos fundamentales de mindfulness

Germer (2005*b*), al igual que Bishop *et al.* (2004), destaca la presencia de tres elementos claves en las aplicaciones clínicas de mindfulness: a) conciencia, b) la experiencia presente, y c) aceptación. Suponiendo necesaria, además, la presencia irreducible de esos tres componentes en su interacción inter-dependiente para que ocurra la experiencia de mindfulness. Es decir, la presencia de uno de los aspectos no implica auto-máticamente la de los otros.

Conciencia

Una vez que se ha establecido la intención de estar conscien-temente despiertos, Germer describe tres formas de cultivar la conciencia: 1) parar, 2) observar, y 3) retornar.

Parar: En las actividades cotidianas nuestra atención a me-nudo se halla inmersa en nuestros esfuerzos por conseguir metas deseadas y evitar experiencias desagradables. Sin em-bargo, es posible soltar la cadena automática de pensamien-tos disminuyendo los esfuerzos que pretenden alcanzar metas deseadas o evitar experiencias desagradables. Lo que es igual, poner distancia frente a nuestros apegos y temores.

Observar: En la práctica de mindfulness, más que observar la experiencia desde un punto de mira desapegado, miramos calmadamente como observadores participantes (perspectiva coincidente con la de Linehan, 1993). Si estamos rumiando so-bre algún problema, es más efectivo desenganchar la atención de la rumiación si simultáneamente la focalizamos en un obje-to particular. En este sentido, el objeto de atención más común en los ejercicios mindfulness es la respiración, pero cualquier experiencia sensorial puede servir para este propósito.

Retornar: Cuando nos damos cuenta de que nos hemos distraído en un pensamiento, al "despabilar", podemos realizar una nota mental de qué cosa capturó nuestra atención, y amablemente volver nuestra conciencia a su objeto focal original, estando alerta de hacia dónde vaga la mente la siguiente vez. Tanto si estamos inmersos en la actividad cotidiana, como si estamos practicando la meditación sentada, siempre que sea necesario retornamos al objeto focal de atención para "encontrar" y anclar nuestra atención.

Experiencia presente

Uno de los objetivos de mindfulness es estar unificados con nuestra actividad y encontrarnos en un estado de flujo en el momento presente (Csikszentmihalyi, 1990), es decir, alertas, energéticos, contentos, calmados. Todos los ejercicios mindfulness traen la atención al presente. A veces, una sensación o sentimiento secuestra nuestra atención y nos hace perder nuestra experiencia del momento presente. La práctica mindfulness es, por lo tanto, un entrenamiento de la atención para enfocarla en la experiencia presente.

Aceptación

Según Germer, nuestra vivencia del momento presente está coloreada por cómo lo recibimos, por nuestra actitud. La clave de la aceptación es justamente el medio para recibir nuestra experiencia sin juicio o preferencias, con una actitud de curiosidad y amabilidad. La plena conciencia del momento presente depende enormemente de la aceptación incondicional de nuestra experiencia. Para Germer, la aceptación es suave, amable y relajada, y es factible de ser. Una instrucción común que se utiliza en distintos programas que se basan en mindfulness, o lo integran, es respirar "dentro" de las experiencias aversivas tratando de evitar la resistencia o la crispación ante la experiencia (por ejemplo, el dolor crónico).

Mecanismos psicoterapéuticos de mindfulness

A continuación recogemos algunos de los mecanismos psicoterapéuticos que han sido relacionados con mindfulness en la literatura por distintos autores (por ejemplo, Baer, 2003). Entre ellos se encuentran la exposición, atención sostenida, cambio cognitivo, autogestión, relajación, aceptación.

Exposición

Orsillo, Roemer y Holowoka (2005) han destacado la relevancia de la exposición en el tratamiento de los trastornos emocionales. La terapia de exposición es uno de los componentes más efectivos para el tratamiento cognitivo-conductual del trastorno de pánico (por ejemplo, Gould, Buckminster, Pollack, Ottto, y Yap, 1995), fobias específicas (Anthony y Barlow, 2002), trastorno obsesivo compulsivo (Abramowitz, 1997), ansiedad social (Gould *et al.*, 1997) y estrés postraumático (Foa, Keane y Friedman, 2000). Además, la técnica de exposición es un recurso terapéutico usual en el tratamiento de múltiples problemas (por ejemplo, la preocupación en la ansiedad generalizada).

La exposición es la capacidad de observar las sensaciones del dolor sin juzgar. Parece que esta forma de proceder reduce el estrés y malestar asociado al dolor. Kabat-Zinn (1982) sugiere que la aplicación de esta estrategia en pacientes con dolor crónico puede servir para varias funciones. Por ejemplo, la exposición prolongada a las sensaciones al dolor crónico, en ausencia de consecuencias catastróficas, podría dar lugar a la desensibilización, con una reducción del tiempo en las respuestas emocionales provocadas por las sensaciones del dolor. Por lo tanto, la práctica de mindfulness puede conducir a la capacidad de experimentar sensaciones de dolor sin reactividad emocional excesiva. Incluso si las sensaciones de dolor no se reducen, el sufrimiento y la angustia pueden ser aliviados. Kabat-Zinn *et al.* (1992) describen un mecanismo similar para los efectos potenciales de entrenamiento de la mente sobre la ansiedad y el pánico (Baer, 2003).

Atención sostenida

La observación sin prejuicios de sensaciones de ansiedad, sin intentos de escapar o evitarlos, puede conducir a la reducción de la reactividad emocional generalmente provocada por los síntomas de ansiedad. Linehan (1993*a*, 1993*b*) sugiere que la prolongada observación de los pensamientos y las emociones actuales, sin tratar de evitar o escapar de ellos, puede ser vista como un ejemplo de la exposición, que debería alentar a la extinción de las respuestas de miedo y evitación de conductas previamente provocadas por estos estímulos. Así, la práctica de mindfulness puede mejorar la capacidad del paciente para tolerar los estados emocionales negativos y la capacidad para afrontarlos de manera efectiva.

Cambio cognitivo

Varios autores han señalado que la práctica de mindfulness puede conducir a cambios en los patrones de pensamiento, o en las actitudes acerca de los pensamientos. Por ejemplo, Kabat-Zinn (1982, 1990) sugiere que la observación sin prejuicios del dolor y pensamientos relacionados con la ansiedad puede conducir a la comprensión de que son "solo pensamientos", más que reflejos de la verdad o la realidad, y no requieren de escape o comportamiento de evitación. Del mismo modo, Linehan (1993a, 1993b) señala que la observación y descripción de etiquetas de los pensamientos y sentimientos alienta a las personas a que no siempre son reflejo exacto de la realidad. Por ejemplo, sentir miedo no significa necesariamente que el peligro es inminente, y el pensamiento "soy un fracaso" no lo hace cierto.

Teasdale, Segal y Williams (1995) también señalan que una ventaja práctica de las habilidades de mindfulness, en el fomento de cambio cognitivo, es que se puede practicar en cualquier momento, incluso durante períodos de rumiacion, cuando pensamientos depresivos pueden estar ocurriendo. Teasdale (1999) y Teasdale y colaboradores (1995) sugieren que la visión no enjuiciadora y descentrada de los propios pensamientos que estimula mindfulness, junto a la refocalización de la atención en el momento presente, pueden bloquear beneficiosamente los patrones rumiativos característicos de los episodios depresivos (Nolen-Hoeksema, 1991). En el ámbito de la depresión, mindfulness se utiliza procurando que los pensamientos y los sentimientos se observen como eventos transitorios en la mente, sin sobre-identificarse con ellos y sin reaccionar con el patrón automático habitual de reactividad. Se trata de introducir un espacio entre la percepción y la respuesta, haciendo posible responder a las situaciones de una forma reflexiva en lugar de refleja. A su vez, en la propuesta psicoterapéutica de Hayes (2002, 2004) este cambio cognitivo se denomina "de-fusión cognitiva" e ilustra la pérdida de las funciones evaluadoras y literales del lenguaje. Es decir, el individuo deja de identificar la realidad con el pensamiento estructurado en el lenguaje, o en otras palabras: dejamos de estar "fundidos" con nuestras cogniciones.

Mindfulness implica, además de la observación de pensamientos y sentimientos, su aceptación, a diferencia de las habilidades metacognitivas. También, Germer (2005*c*) distingue mindfulness de la metacognición al considerar sus peculiaridades de "observación participante sin enjuiciamiento" o "no enredarse en el contenido mental"; se trata de "conciencia de" más que de "pensando sobre". Sin embargo, Germer sugiere que en este contexto algunas creencias metacognitivas pueden ser beneficiosas, llamándose en el ámbito de la psicología budista *insights*. Estos *insights* pueden ser entendidos como "cuasi-metacogniciones"; "cuasi" porque tienen un componente racional y otro intuitivo, y metacogniciones porque son observaciones sobre eventos mentales.

Autogestión

Varios autores han señalado que la mejora de la autoobservación es el resultado del entrenamiento de mindfulness, este puede promover el uso de una gama de habilidades de afrontamiento. Por ejemplo, Kabat-Zinn (1982) sugiere que una mayor conciencia de las sensaciones de dolor y las respuestas al estrés produce que las personas puedan participar en una variedad de respuestas de afrontamiento.

Vallejo (2006), haciéndose eco de un estudio que revisa la relación entre relajación y tensión muscular (Marr, 2006), señala que la tensión muscular puede afectar a la toma de decisión entre opciones alternativas, sobre todo cuando no implica un razonamiento complejo, forzándola antes de una adecuada valoración, en analogía al concepto de marcador somático de Damasio (1994) en el que un individuo elige entre alternativas influenciado por una actividad somática automática que actúa como señal antes de que se lleve a cabo un proceso racional o consciente. Según Vallejo, ante la continua necesidad de elección en la que nos vemos involucrados en la sociedad actual, mindfulness puede suponer una alternativa derivada de un alejamiento de la necesidad de elegir. Nosotros especulamos más allá. La practica continuada de mindfulness potencialmente supone un aumento de la conciencia interoceptiva (*interoceptive awareness*) que puede inhibir el automatismo de la toma de decisiones mediada por un marcador somático o por tensión muscular procurando una decisión *mindful* a través de sus claves de *awareness*, aceptación, ecuanimidad y atención focalizada en la experiencia del momento presente.

Relajación

Según Vallejo (2006), la relación entre relajación y meditación es un clásico de la terapia de la conducta, apreciándose una relación circular y confusa. La meditación se ha considerado un medio para alcanzar la relajación, a la vez que la relajación se estima necesaria para alcanzar un determinado grado de meditación. Igualmente, Baer (2003) admite que la relación entre la meditación y la relajación es un tanto compleja, pero según su criterio el propósito del entrenamiento mindfulness no es inducir a la relajación, sino enseñar la capacidad de observar sin enjuiciar las condiciones en curso. Y, precisamente, dichas condiciones pueden incluir activación autonómica, pensamiento agitado, tensión muscular y otros fenómenos incompatibles con el estado de relajación. Además, añade, que si la relajación fuera un objetivo específico por conseguir en la práctica mindfulness, se corre el riesgo de anteponer la intención retroalimentando un tipo de atención que Wells (2000) llama "atención auto-centrada"o lo que Segal, Teasdale y Wiliams (2002) llaman "el modo de hacer" (en contraposición con "el modo de ser") donde la persona continuamente supervisa su estado y lo compara con otro deseado. Podría ocurrir que al tratar de alcanzar el estado de relajación se mantuviera un modo de procesamiento cognitivo que alimenta el propio trastorno psicológico (Wells, 2000).

La meditación a menudo induce a la relajación. La inducción de la relajación a través de diversas estrategias de meditación ha sido bien documentada (Benson, 1975). Sin embargo, el propósito de mindfulness no es inducir a la relajación;

se enseña la observación sin prejuicios de las condiciones actuales que podrían incluir automatismos, pensamiento acelerado, tensión muscular y otros fenómenos incompatibles con la relajación. Además, la evidencia sugiere que los efectos de relajación no son exclusivos de la meditación, pero son comunes a muchas estrategias de relajación (Shapiro, 1982). Así, aunque la práctica de mindfulness puede dar lugar a ejercicios de relajación, este resultado no puede ser una razón primaria para el entrenamiento.

Aceptación

La relación entre la aceptación y el cambio es un concepto central en los debates actuales de la psicoterapia (Hayes, Jacobsen, Follette y Dougher, 1994). Hayes (2003) sugiere que la aceptación implica «experimentar eventos totalmente y sin defensa, tal y como son», y señala que los pacientes en la práctica pueden exagerar la importancia de cambiar los síntomas desagradables, sin reconocer la importancia de la aceptación. Por ejemplo, un individuo que experimenta ataques de pánico puede participar en numerosas conductas desadaptativas en un intento para prevenir futuros ataques, incluyendo: abuso de drogas y alcohol, la evitación de las actividades importantes, y el exceso de ansiedad que altera los estados corporales. Si el individuo puede aceptar que los ataques de pánico pueden ocurrir de vez en cuando y que tienen una duración limitada y no son peligrosos, los ataques de pánico se convertirán en experiencias desagradables, pero toleradas, en lugar de ser experiencias temibles y peligrosas que evitar, aun a costa de la conducta desadaptada significativa.

La efectividad predictiva de mindfulness

Continuando con esta serie de temas tratados hasta aquí de manera teórica y fundamentada, se presenta esta revisión de las escalas que se han usado para medir diferentes constructos surgidos de las investigaciones de mindfulness. El intento de medir la competencia en mindfulness es un hecho fácilmente justificable por, al menos, dos razones. Por una parte, por ser un objetivo de los entrenamientos en mindfulness, adquirir su competencia y destreza, y, por otra, por ser plausible entender el grado de habilidad conseguida como una variable predictora del éxito terapéutico. Si consideramos el supuesto de que mindfulness es una capacidad inherente a las personas, en su medición se debe contemplar tanto la variabilidad intrasujeto (en un mismo individuo la capacidad variará en diferentes momentos o circunstancias), como la variabilidad intersujetos (diferentes individuos experimentarán en un momento determinado diferentes grados de mindfulness).

En la actualidad, los estudios de las propiedades psicométricas de los diferentes cuestionarios reflejan cierta ambigüedad sobre la estructura factorial del constructo; existiendo escalas que validan la existencia de un único factor mientras que otras contemplan varios.

Trabajos de mindfulness aparecidos desde el año 2001 hasta el año 2006, Pérez *et al.* (2007), señalan que la mayoría de los estudios sobre mindfulness en realidad no utilizaron escalas diseñadas para la medición de ese constructo, sino que empleaban otros instrumentos clásicos de evaluación relacionados con los objetivos específicos de sus investigaciones. Esta circunstancia puede tener su origen en al menos dos razones:

a) la reciente novedad de los instrumentos de medida específicos de mindfulness, y
b) el hecho de que en casi todos los estudios se medía el desarrollo de las competencias

Mindfulness no suele constituirse como objetivo final, sino como un medio para obtener otros objetivos que dependen de la aplicación concreta del estudio. También Baer y colaboradores (2006) realizan una revisión de cinco de los principales cuestionarios sobre mindfulness, proponiendo a través de los resultados de su análisis multifactorial una nueva escala (Five Facet Mindfulness Questionnaire; Baer *et al.*, 2006).

El primer cuestionario desarrollado fue el *Frieburg Mindfulness Inventory* (FMI; Buchheld, Grossman y Walach, 2001; Walach, Buchheld, Buttenmüller *et al.*, 2006). Inicialmente, la escala constaba de 30 ítems medidos en cuatro factores, aplicándose a personas que acudían a retiros de meditación. El análisis factorial de las puntuaciones reveló cierta inconsistencia entre los factores, sugiriendo los autores que la escala se interprete unidimensionalmente y recomendando el uso de una única puntuación global.

Mindfulness Attention Awareness Scale (MAAS; Brown *et al.*, 2003). Consta de un total de 15 ítems. Está estructurada con un solo factor que se centra fundamentalmente en la capacidad del individuo de estar atento y consciente de la experiencia del momento presente en la vida cotidiana; por tanto, ofrece una única puntuación global. La escala trata de cuantificar con qué frecuencia se actúa en piloto automático, con preocupación y sin poner atención. Este instrumento se ha validado en población no clínica y en enfermos de cáncer, pudiendo ser utilizado con personas sin experiencia en meditación.

Kentucky Inventory of Mindfulness Skills (KIMS, Baer, Smith y Allen, 2004). Está inspirado en el marco conceptual de la terapia dialéctico-comportamental de Linehan, de manera que sus 39 ítems se corresponden con la clasificación de las habilidades mindfulness propuestas desde este enfoque. El cuestionario presenta una estructura multifactorial no jerárquica con cuatro factores: "observando", describiendo", "actuando conscientemente" y "aceptando sin enjuiciar". Sus medidas reflejan la tendencia a estar consciente en la vida cotidiana sin que se requiera experiencia en meditación.

Cognitive and Affective Mindfulness Scale (CAMS, Feldman *et al.*, 2004) y su versión revisada (CAMS-R, Feldman, Hayes, Kumar, Greeson & Laurenceau 2007). En su versión original, la CAMS presentaba 18 ítems que reflejaban la conceptualización de Kabat-Zinn (1990). Debido a la baja consistencia que ofrecían sus ítems se ha reelaborado en la versión CAMS-R,

la cual presenta solo 12 ítems basados en una conceptualización multifacética de mindfulness que muestra una consistencia interna aceptable, ofreciendo un lenguaje que no está
restringido al empleado en un entrenamiento específico de
habilidades o meditación.

The Mindfulness Questionnaire (MQ; Chadwick, Hember,
Mead, Lilley & Dagnan, 2005). Es un cuestionario de 16 ítems
que mide el mindfulness en relación a una aproximación consciente a los pensamientos e imágenes desagradables. Aunque
el cuestionario presenta un solo factor, los autores reflejan los
siguientes componentes: observación, dejar ir, ausencia de
aversión y no enjuiciar la experiencia, aunque no recomien-
dan la computación de estas subescalas.

Philadelphia Mindfulness Scale (PHLMS, Cardaciotto, 2005;
Caraciotto *et al.*, en prensa). Recoge la aproximación de Kabat-
Zinn (1994), siendo al mismo tiempo congruente con la formu-
lación de Bishop (2004). Presenta 20 ítems constituidos en dos
factores: "conciencia del momento presente" y "aceptación".

Toronto Mindfulness Scale (Lau, Bishop, Segal *et al.*, 2006).
Se ha informado de una primera versión de 10 ítems con un
factor (Bishop *et al.*, 2004) no publicada, que obviamos. La
actual contempla los dos componentes de la definición operativa del grupo de Bishop: autorregulación de la atención y
actitud de curiosidad, apertura y aceptación. Inicialmente, se
propusieron 15 ítems que a la postre se han reducido a 13.

Five Facet Mindfulness Questionnaire (FFMQ, Baer, Hopkins, Smith, Hopkins, Krietemeyer y Toney, 2006). Escala
desarrollada por los autores de la KIMS, está basada en los

resultados de un análisis factorial de cinco de las escalas más importantes sobre mindfulness, las escalas KIMS (Baer *et al.*, 2004), FMI (Buchheld *et al.*, 2001), MQ (Chadwick *et al.*, 2005), MAAS (Brown y Ryan, 2003).

La literatura empírica apoya cada vez más la eficacia de las intervenciones basadas en mindfulness. Las reducciones en los síntomas de los trastornos se han notificado a través de una amplia gama de poblaciones (Baer, 2003; S. C. Hayes *et al.*, 2004; Robins & Chapman, 2004). Hasta hace muy poco, sin embargo, la evaluación de mindfulness había recibido mucha menos atención empírica. Dimidjian y Linehan (2003*a*) señalan que las medidas psicométricas de mindfulness son necesarias para comprender su naturaleza, sus componentes y los mecanismos por los cuales el entrenamiento de la mente ejerce sus efectos beneficiosos. Brown *et al.* (2004) y Bishop *et al.* (2004) se formularon observaciones parecidas, argumentando que definiciones operacionales de mindfulness son esenciales para el desarrollo de instrumentos válidos, que a su vez son necesarios para la investigación de los procesos psicológicos implicados en el entrenamiento de mindfulness. En los últimos años, los autoinformes de cuestionarios para la evaluación de mindfulness han comenzado a aparecer en la literatura. El desarrollo de estos cuestionarios es un importante avance en el estudio de mindfulness, porque proporciona nuevas oportunidades para las investigaciones empíricas de mindfulness y sus relaciones con otros constructos psicológicos (Baer *et al.*, 2006).

Terapias basadas en mindfulness

Fijándose más en aspectos básicos y conceptuales, el entronque de mindfulness como procedimiento terapéutico se encuentra en el desarrollo de las denominadas nuevas terapias conductuales. Este tipo de terapias surgen al considerar el contexto como elemento principal en la explicación e intervención. Hayes (2004) y Hayes *et al.* (2006) han venido a denominar como terapias de tercera generación aquellas que incluyen en sus componentes procesos de mindfulness y aceptación, así como procesos de compromiso y cambio directo de conductas. Es aquí donde el mindfulness entronca con otros procedimientos terapéuticos como, por ejemplo, la terapia de conducta dialéctica (Linehan, 1993*a* y 1993*b*) y la terapia de aceptación y compromiso (Hayes, Strosahl y Wilson, 1999; Wilson y Luciano, 2002). MBCT o Terapia Cognitiva Basada en mindfulness, desarrollada en modelos de procesamiento de la información en relación con la depresión (Segal *et al.*, 2002). BRT o Terapia Breve Relacional, desarrollada por Safran *et al.* (2005). Existen otras aproximaciones del psicoanálisis y mindfulness como la desarrollada por Stern (2004). Leary y Tate (2007). Segal *et al.* (2002) y la prevención de recaídas por abuso de sustancias (Marlatt y Gordon, 1985; Parker, Anderson y Marlatt, 2001), así como las variaciones de estos enfoques. También en este sentido, una serie de autores conductuales y cognitivo-conductuales han comparado la práctica de mindfulness con la exposición interoceptiva (Baer, 2003; Linehan, 1993; Roemer y Orsillo, 2002), en la cual la persona es animada a experimentar los sentimientos sin tratar de controlarlos para aprender que las emociones pasan sin usar viejas estrategias de regulación.

A continuación se desarrollan los programas terapéuticos y procedimientos de estas teorías que incluyen mindfulness en su práctica.

Mindfulness-based stress reduction program (MBSR)

El método más frecuentemente citado de entrenamiento de mindfulness es la reducción de estrés basado en mindfulness (MBSR), anteriormente conocido como programa de relajación y reducción del estrés (SR-RP; Kabat-Zinn, 1982, 1990). Fue desarrollado en poblaciones con una amplia gama de dolor crónico y trastornos relacionados con el estrés. El programa se lleva a cabo con un curso de 8 a 10 semanas para grupos de hasta 30 participantes que se reúnen semanalmente de 2 a 2,5 horas para la instrucción y habilidades de la práctica de la meditación consciente, junto con la discusión de estrés, afrontamiento, y tareas durante todo el día (7-8 horas) sesiones intensivas de la atención por lo general se llevan a cabo alrededor de la sexta semana. Varias habilidades se enseñan con la meditación de mindfulness. Por ejemplo, la exploración del cuerpo es un ejercicio de 45 minutos en los que la atención se dirige de forma secuencial a numerosas áreas del cuerpo mientras el participante permanece acostado con los ojos cerrados. Las sensaciones en cada área son cuidadosamente observadas. En la meditación sentada, los participantes son instruidos para sentarse en un ambiente relajado y la postura de vigilia con los ojos cerrados y la atención directa a las sensaciones de la respiración. Determinadas posturas de *hatha yoga* se utilizan para desarrollar la atención sobre las sensaciones corporales durante los suaves movimientos y estiramientos. Los participantes también practican la atención durante las actividades normales, como caminar, pararse y comer. Los participantes en MBSR se encargan de practicar estas habilidades fuera de las reuniones del grupo, al menos 45 minutos por día, seis días a la semana. Al comienzo del tratamiento se usan cintas de audio, y a los participantes se les anima a la práctica sin cintas después de un par de semanas. En todos los ejercicios de mindfulness, los participantes son instruidos para centrar la atención en el objeto de la observación (por ejemplo, respirar o caminar) y ser conscientes de ello en cada momento. Cuando las emociones, sensaciones y cogniciones surgen, se observan sin juzgar. Cuando el participante se da cuenta de que la mente se ha extraviado en pensamientos, recuerdos, o fantasías, la naturaleza o el contenido de ellos son breves, se presta atención, si es posible, y luego se devuelve al momento presente. Así, a los participantes se les instruye a notar sus pensamientos y sentimientos, pero no para ser atendidos en su contenido (Kabat-Zinn, 1982). Incluso juzgar pensamientos (por ejemplo, "este es un gasto tonto de tiempo") se observa sin juzgar; al percatarse de tal pensamiento, el participante puede etiquetarlo como un pensamiento crítico, o simplemente como el "pensamiento", y luego volver la atención al momento presente. Una consecuencia importante de la atención en la práctica es la constatación de que la mayoría de sensaciones, pensamientos y las emociones fluctúan, o son pasajeros, pasando "como olas en el mar "(Linehan, 1993b, pág. 87, citado en Baer, 2003).

Programa de la terapia de la conducta dialéctica (DBT)

La terapia conductual dialéctica (DBT) es un enfoque multifacético para el tratamiento del trastorno límite de la personalidad (Linehan, 1993a, 1993b). Se basa en una cosmovisión dialéctica, visión del mundo, que postula que la realidad se compone de oposición de fuerzas. La síntesis de estas fuerzas da lugar a una nueva realidad, que a su vez está formada por fuerzas opuestas, en un continuo proceso de cambio. En la *Terapia dialéctica-conductual* (TDC), el centro de la dialéctica es la relación entre la aceptación y el cambio.

Linehan (1993a, 1993b) describe tres atenciónes "el que" son habilidades (observar, describir, participar) y tres de la atención "cómo" las competencias (no juzgar, aceptación y eficacia). Los clientes se animan a aceptarse a sí mismos, sus historias y su situación actual tal y como son, mientras se trabaja intensamente para cambiar sus comportamientos y entornos a fin de construir una vida mejor. Aprenden habilidades de mindfulness en un grupo semanal de un año de duración, habilidades que también cubren la eficacia interpersonal, regulación de las emociones y las habilidades de altruismo y tolerancia. Los clientes trabajan con terapeutas en la aplicación de las habilidades aprendidas en su vida cotidiana. Linehan y

McGhee (1994) observan que algunos individuos gravemente alterados no pueden o no quieren meditar extensamente como el programa MBSR recomienda (Kabat-Zinn, 1990). La práctica mindfulness es, por lo tanto, un entrenamiento sobre la atención para enfocarla en la experiencia presente. Así pues, DBT no prescribe una frecuencia específica de duración de la práctica de mindfulness. En cambio, las metas para la práctica de mindfulness se establecen por cada uno de los clientes y sus terapeutas. DBT ofrece numerosos ejercicios entre los que los clientes pueden elegir (algunos son una adaptación de Hanh, 1975). Un ejemplo, los clientes imaginan que la mente es una cinta transportadora. Los pensamientos, sentimientos y las sensaciones que vienen por la cinta se observan, etiquetándolos y categorizándolos. En otro ejercicio, los clientes imaginan que la mente es el cielo y que los sentimientos y las sensaciones son nubes que se ven pasar. Se les enseña varias formas en la observación de la respiración, incluyendo la respiración hacia dentro y hacia fuera, contar las respiraciones, coordinar la respiración con pasos al caminar y la respiración mientras se escucha música. Algunos ejercicios fomentan el conocimiento consciente durante las actividades diarias, como hacer el té, lavar los platos o la ropa, la limpieza de la casa o tomar un baño.

Terapia de aceptación y compromiso (ACT)

La terapia de aceptación y compromiso (ACT; Hayes *et al.*, 1999) es una teoría contemporánea con base en el análisis de la conducta (Hayes y Wilson, 1994). Aunque ACT no describe sus métodos de tratamiento en términos de la atención o la meditación, se incluye aquí porque varias de sus estrategias son coherentes con los enfoques descritos de mindfulness. A los clientes de ACT se les enseña a reconocerse y autoobservarse, que sean capaces de dominar sus sensaciones corporales, los pensamientos y emociones. Se les anima a ver estos fenómenos por separado de la persona que los manifiesta. Por ejemplo, se les enseña a decir: «Tengo la idea de que soy una mala persona», en lugar de «soy una mala persona». También se les anima a experimentar pensamientos y emociones a medida que surgen, sin juzgar ni evaluar, o intentar cambiar o evitar dichas prácticas.

Hayes (2003) describe un ejercicio en el que el cliente imagina que sus pensamientos están escritos en las señales que desfilan como soldados. La tarea del cliente es observar los pensamientos sin llegar a asimilar ninguno de ellos. Enseña explícitamente a los clientes a abandonar los intentos de controlar los pensamientos y sentimientos, solo observar sin juzgar y aceptarlos como son, mientras cambia su comportamiento de forma constructiva para mejorar sus vidas (Hayes, 1994).

Hayes *et al.* (2000) incluyen un tratamiento para la depresión y un programa de bienestar, usan la meditación de mindfulness como una vía para facilitar los aspectos de estabilización y desestabilización del cambio terapéutico. En las primeras ocho semanas del programa enseñan: meditación mindfulness como parte de la resolución de problemas y habilidades de afrontamiento; comportamientos de vida saludable que mejoran la dieta, el ejercicio y hábitos de dormir, y estrategias para incrementar el apoyo social. Las habilidades introducidas en esta fase de la terapia se diseñaron para estabilizar al cliente, construir recursos e incrementar la resiliencia. Introducen estas habilidades desde el principio porque proporcionan síntomas iniciales de alivio y porque lleva su tiempo incorporarlas en la vida del cliente. El programa está diseñado con la prevención de recaídas; enseñamos habilidades que pueden reducir los síntomas de depresión y también cultivar conductas de autocuidado saludable y salud mental (Fredrickson, 2001; Ryff y Singer, 1998).

La ACT adopta principios y técnicas del acercamiento de Jon Kabat-Zinn (1990), enfocado primeramente en el entrenamiento de la respiración, y enseña los principios de la atención, conciencia, enfoque en el presente y aceptación/sin juicio o como ellos se refieren a las experiencias internas. A los clientes se les enseña el concepto de compromiso mental con las emociones, y ellos aprenden a observar situaciones de evitación y preocupación con sus emociones y las consecuencias de estas estrategias en sus propias vidas. Debido a que aquellos que sufren con la depresión se enfrentan a menudo con un número de estresores significativos y circunstancias difíciles, nosotros les enseñamos cómo acercarse gradualmente al problema y aplicar el afrontamiento y las habilidades de resolución de problemas que ellos están aprendiendo. Los clientes también aprenden cómo implementar mindfulness y principios de autocuidado en sus vidas. La meditación es difícil de hacer en esta fase temprana, así que introdujimos el entrenamiento en la cuarta sesión, cuando la depresión empieza a disminuir. Los ejercicios de meditación también son introducidos de forma gradual, de manera, que la gente medite un poco cada día e incremente su tolerancia. Además, los pacientes escriben ensayos acerca de su depresión. Otro aspecto de la práctica de mindfulness, que podría ser relevante en la ACT, lo encontramos en la fase aguda de la terapia, cuando al cliente se le invita a involucrarse dentro de su sufrimiento y emociones difíciles (esto se hace con una base de mindfulness), y así poder transformar las emociones destructivas en positivas.

Un ejemplo que se aplica en ACT consiste en que el meditador mire fijamente a los ojos de la emoción perturbadora y entienda qué es y cómo funciona. El experimento muestra que cuanto más aparece la emoción, más desaparece bajo los ojos de uno mismo, como la disolución del hielo bajo el sol de la mañana. Cuando uno realmente lo mira, de repente pierde su fuerza. En efecto, en el origen mismo de las emociones destructivas hay algo que todavía no es perjudicial. Después de esto, cuando las emociones surgen, no disparan una cadena de pensamientos que proliferan y se apoderan de la mente, impulsándola a actuar.

Terapia cognitiva basada en mindfulness

La terapia cognitiva de la depresión, más concretamente la terapia cognitiva basada en mindfulness de la depresión (véase Scheer-Dickson, 2004) fue desarrollada al considerar los elementos implicados en las recaídas en pacientes tratados por depresión (Teasdale *et al.*, 2000; Teasdale *et al.*, 1995) y ha mostrado la utilidad de este acercamiento (Ramel, Goldin, Carmona y McQuaid, 2004; Teasdale, More, R. Hayhurst, Pope, Williams y Segal, 2002). El programa detallado de la aplicación está publicado paso a paso (véase Segal *et al.*, 2002).

La MBCT ha sido desarrollada por un grupo de investigadores liderados por J. Teasdale que propusieron hace décadas el modelo ICS (Interacting Cognitive Subsystems, Teasdale & Barnard, 1993), un modelo cognitivo con la intención de prevenir las recaídas en la depresión. Para obtener una explicación detallada del modelo se puede consultar a Cebolla y Miró (2007). El modelo postula la existencia de un engranaje depresivo con propiedades autoperpetuadoras. El engranaje se compondría de dos bucles principales interactuando: uno sensorial y otro cognitivo.

En su modelo, Teasdale propone la existencia de un engranaje depresivo con unos bucles cognitivos por los que circula una información similar a la referida en el autocentramiento negativo sobre uno mismo (Pyszczynski y Greenberg, 1987) o el estilo de respuesta "rumiativa" (Nolen-Hoeksama, 1991). El contenido de esta información es predominantemente negativo, autorelatado y focalizado en las discrepancias entre el estado percibido actual de uno mismo y el estado deseado. Estos pensamientos, lejos de encontrar una solución, suelen crear un proceso de circularidad que autoperpetua la depresión. Desde el ICS se asume que la vulnerabilidad cognitiva a la depresión persistente y a las recaídas está relacionada con la facilidad con la que la configuración del engranaje depresivo puede ser restablecida en momentos de ánimo disfórico. Por tanto, según Teasdale el objetivo de un posible tratamiento de las recaídas en depresión no debe ser tanto evitar los estados de tristeza o infelicidad, como reducir la probabilidad de que los ciclos rumiativos se restablezcan en momentos de incremento de disforia, reactivando el engranaje depresivo. Aunque tradicionalmente la terapia cognitiva haya demostrado eficacia en la terapia individual discriminando entre el contenido "racional" e "irracional" de los pensamientos en el tratamiento de procesos agudos, Teasdale (1999), en su abordaje de la prevención de recaídas, se enfoca más hacia la relación que los clientes establecen con sus sentimientos y pensamientos, proponiendo una forma de trabajo grupal con tareas para casa. El propósito es lograr la des-automatización del engranaje depresivo, para que cuando surja la vulnerabilidad en el estado de ánimo bajo no se reactive el proceso de la recaída. Por tanto, el cambio crucial respecto a la terapia cognitiva clásica es que se deja de atender al contenido de la cognición y se pasa a centrarse en cómo se procesa la experiencia. De este modo, Teasdale quiere poner el énfasis en el cambio de la configuración implicacional o experiencial, en vez de en la configuración proposicional. Teasdale (1999) propone el término "*insight* metacognitivo" para subrayar el objetivo terapéutico de lograr la experiencia de «percibir los pensamientos como pensamientos y no como reflejos de la realidad». Para reducir el malestar emocional de poco sirve saber a nivel intelectual que los pensamientos no describen la realidad (conocimiento metacognitivo a nivel proposicional), ya que solo los cambios emocionales que se dan en el nivel implicacional permiten que se experimente el *insight* metacognitivo.

Terapia en prevención de recaídas

La prevención de recaídas (Marlatt *et al.*, 1985) es un paquete de tratamiento cognitivo-conductual destinado a prevenir recaídas en las personas tratadas por abuso de sustancias. Las habilidades de mindfulness se incluyen como una técnica para hacer frente al impulso de consumo de sustancias. Marlatt (1994) señala que la atención plena implica la aceptación del constante cambio de experiencias del momento presente, mientras que la adicción es la incapacidad de aceptar el momento presente y una búsqueda persistente de la próxima "gran" experiencia adictiva. La metáfora del "impulso de surf" alienta los pacientes a imaginar que se impulsa a las olas del mar que crecen poco a poco hasta que la cresta desaparece. El paciente "pasea" sobre las olas sin ceder a los impulsos, por lo tanto se aprende a que el impulso pase. Sin embargo, el cliente también se entera de que nuevos impulsos aparecerán y que estos no pueden ser fácilmente eliminados. En su lugar, el impulso debe ser aceptado como respuesta normal a las señales del deseo. Las habilidades de la atención inducen al paciente a observar los impulsos, tal como aparecen, los aceptan sin juzgar, y los afrontan de manera adaptativa.

Según el modelo teórico de prevención de recaídas, *Relapse Prevention* (RP), propuesto por Marlatt *et al.* (1985), la recaída se produce cuando el individuo se expone a una situación de riesgo sin ser capaz de responder con las estrategias de afrontamiento pertinentes para garantizar el mantenimiento de su abstinencia. Según su modelo, si ante una situación de riesgo el individuo puede emitir una respuesta de afrontamiento adecuada, la probabilidad de recaída disminuirá significativamente, ya que el afrontamiento satisfactorio de la situación de riesgo es percibido por el individuo como una sensación de control que se asocia con una expectativa positiva de ser capaz de superar con éxito el próximo acontecimiento conflictivo que se le presente, de manera que se produce un considerable aumento de la percepción de auto-eficacia. A medida que aumente la duración de la abstinencia y el individuo pueda afrontar con eficacia las situaciones de riesgo que progresivamente se le presenten, la percepción de control se incrementará de forma acumulativa y la probabilidad de recaída disminuirá (Marlatt, 1994; Marlatt *et al.*, 1985).

Estas intervenciones conceptualizan mindfulness como un conjunto de habilidades que pueden ser aprendidas y practicadas con el fin de reducir los síntomas y aumentar la salud y el bienestar (Baer *et al.*, 2006). La literatura empírica apoya cada vez más la eficacia de las intervenciones basadas en mindfulness. Las reducciones en los síntomas de los trastornos se han notificado a través de una amplia gama de poblaciones (Baer, 2003; Hayes *et al.*, 2004; Robins *et al.*, 2004).

Las aplicaciones clínicas del mindfulness han estado ligadas inicialmente a su papel como procedimiento de control fisiológico-emocional. En ese marco cabe considerar el papel que la meditación y la relajación tuvieron sobre diversos tras-tornos psicofisiológicos. Los trabajos de Benson (1975) son paradigmáticos en este ámbito y ligan la relajación, la medi-tación y los trastornos cardiovasculares (véase Germer, 2005).

Estudios empíricos y terapéuticos de mindfulness

Varios estudios han demostrado la eficacia de las interven-ciones psicológicas basadas en mindfulness en la prevención de recaídas de la depresión mayor (Segal *et al.*, 2002; Teas-dale *et al.*, 2000) y el tratamiento de los síntomas depresivos residuales (Kingston, Dooley, Bates, Lawlor y Malone, 2007), ansiedad (Evans, Ferrando, Findler, Stowell, Smart y Haglin, 2008; Kabat-Zinn, 1990; Pérez *et al.*, 2007), psicosis (Bach y Hayes, 2002; Gaudiano y Herbert, 2006), el abuso de sustan-cias (Hayes *et al.*, 1999), los traumatismos (Ogden, Minton y Paint, 2006), exhibicionismo (Orsillo *et al.*, 2005), trastornos de la alimentación (Kristeller, 2003; Telch, Agras y Linehan, 2001), el trastorno de la hiperactividad por déficit de atención, la angustia psicológica y neuroticismo (Brown *et al.*, 2003). Las intervenciones basadas en mindfulness han demostrado eficacia en el tratamiento de una serie de síntomas físicos ta-les como la psoriasis (Kabat-Zinn *et al.*, 1998) y el dolor cró-nico (Kabat-Zinn, 1982), y en mejorar el estado de ánimo y el bienestar de los individuos con cáncer (Tacón *et al.*, 2004) y fibromialgia (Kaplan, Goldenberg y Galvin Nadeau, 1993).

En las poblaciones no clínicas se dan intervenciones basadas en mindfulness, asociado con una baja intensidad y frecuencia de efectos negativos (Brown *et al.*, 2003), respuestas más adaptables al estrés (Davidson *et al.*, 2003), mejora de las relaciones románticas (Córdoba y Jacobson, 1993), disminución de la atención negativa personal (Murphy, 1995), el aumento de los niveles de la melatonina para prevenir el cáncer (Massion, Tés, Hebert, Wertheimer y Kabat Zinn, 1995), la mejora de atención y la memoria de trabajo dependiente (Chambers *et al.*, 2008; Tang *et al.*, 2007), disminución de la receptividad del ego defensivo bajo amenaza (Brown, Ryan, Creswell y Niemiec, 2008) y la mejora general del bienestar. Estas intervenciones utilizan alguna forma de meditación mindfulness, ya sea como una intervención independiente, o combinada con las intervenciones psicológicas como la terapia cognitiva-conductual. No obstante, cabe señalar que las investigaciones existentes no demuestran de forma concluyente que los niveles crecientes del mindfulness medien en estos resultados positivos.

En consonancia con este planteamiento, y en otras áreas, encontramos que investigaciones recientes obtienen una reducción significativa de los niveles de estrés académico tras el entrenamiento en mindfulness con un grupo de docentes (Franco, Mañas-Mañas y Justo-Martínez, 2009) y con un grupo de profesionales de la salud (Martín-Asuero y García de la Banda, 2007). Más específicamente, en la investigación que nos ocupa, un estudio ha hallado que tras la aplicación de un programa de mindfulness en estudiantes universitarios, se observó una reducción significativa del cansancio emocional y *burnout* e incremento del *engagement* académico (De la Fuente, Franco y Mañas-Mañas, 2010).

Diferentes estudios sobre los efectos beneficiosos del mindfulness sobre el organismo han comprobado que su práctica produce una disminución de la probabilidad de padecer estrés y, como consecuencia, disminuir o evitar el *burnout* (Franco, Mañas-Mañas, Cangas y Gallego, 2009), y cambios bioquímicos en el cerebro asociados a emociones más positivas, lo que estaría relacionado con una mejor IE. Por todo ello, el Instituto Nacional de Salud de los Estados Unidos viene recomendando desde hace varios años el uso de la meditación como tratamiento eficaz y útil en diversos trastornos psicopatológicos y médicos, como la ansiedad, el insomnio, los dolores de cabeza, los ataques de pánico y el dolor crónico.

4. Neurociencia en la inteligencia emocional y mindfulness

«El hombre encuentra a Dios detrás de cada puerta que la ciencia logra abrir.»

ALBERT EINSTEIN

Introducción

Hace unos 500 millones de años, en el mar, en animales tan primitivos como las esponjas, empezaron a configurarse las primeras células nerviosas, las neuronas. Desde entonces no han dejado de multiplicarse organizándose en intrincadas redes capaces de regular el funcionamiento y la conducta de los organismos.

Desde el principio, las neuronas se especializaron en captar la información del ambiente (luminosa, mecánica, etcétera) que los organismos necesitaban para establecer sus sistemas de supervivencia. Cuando ese medio se hizo más complejo, muchas se especializaron también en el análisis preciso y la valoración del significado de los cambios ambientales. Aparecía así progresivamente el característico manto del tejido nervioso que envuelve el cerebro y que llamamos corteza cerebral. Con ella se desarrollarían extraordinariamente las capacidades perceptivas y la inteligencia de los animales.

De ese modo, en el curso de la evolución de los organismos dotados de cerebro adquirieron y perfeccionaron procesos como el aprendizaje, la memoria, las motivaciones y las emociones, es decir, los constituyentes de la mente (Morgado, 2005).

Neurofisiología de la IE en el modelo de habilidades

La neurociencia básica ha venido utilizando el término de "emoción" para referirse al estado emocional. El término "sentimiento" hace referencia a la experiencia consciente de la emoción. Las bases neurales de ambos procesos serían, al menos en parte, diferentes, si bien las conexiones que existan entre ellas pueden ser, como veremos, numerosas.

Las emociones, entendidas como patrones de respuestas, vienen mediadas por estructuras cerebrales subcorticales, tales como el hipotálamo, la amígdala y el tronco encefálico, y presentan tres tipos de componentes: periféricos, autonómicos y hormonales. Las bases neurales de los sentimientos conscientes, por su parte, se asentarían fundamentalmente en el córtex cerebral, e implicarían en parte a la corteza del cíngulo y a los lóbulos frontales.

Desde una perspectiva interdisciplinar podríamos considerar que el concepto de "inteligencia emocional" integraría diversos aspectos de la conducta, entre los que destacamos la emoción, el sentimiento y la cognición como expresiones del funcionamiento de ciertas áreas subcorticales y corticales del cerebro, así como las variadas interconexiones que existen entre ellas y que intervienen en uno u otro componente de lo que se entiende por emoción, afecto o humor.

Mayer *et al.* (1997) consideran la existencia de cuatro habilidades en la IE; estas habilidades se desarrollan jerárquicamente de forma secuencial en función de la edad y de la maduración cognitiva. Si bien la edad es un factor relevante en la maduración del sistema nervioso y más específicamente del cerebro, es de la maduración de este último de lo que depende en última instancia el desarrollo cognitivo. Este aspecto es de suma importancia, ya que el desarrollo de las habilidades de la IE estará íntimamente relacionado, no solo con la maduración del cerebro como órgano de la conducta y de la cognición, sino con la variedad y naturaleza de las interconexiones que se vayan dando entre las áreas cerebrales que subyacen al procesamiento de la emoción y las que participan en la cognición (Mozaz, Mestre y Núñez-Vázquez, 2006).

Percepción y expresión de las emociones

Si bien Darwin se refirió en su teoría sobre la emoción a la expresión emocional facial, vocal y corporal, han venido siendo en general la percepción y la expresión facial de las emociones las más estudiadas en el contexto de su comunicación.

La percepción de una emoción puede inducir una respuesta en la persona que percibe, la cual a su vez puede traducirse en expresión emocional con el potencial de inducir, a su vez, otra respuesta.

Lo anterior se sustenta de manera teórico-experimental por la hipótesis de la *retroalimentación facial.* Según esta hipótesis, los patrones de movimientos emocionales de los músculos faciales alteran la actividad del sistema nervioso autónomo, pudiendo dar lugar a manifestaciones fisiológicas acordes con la emoción.

Si probamos conscientemente y a voluntad tanto en el contexto intrasujeto como en las interacciones intersujeto la hipótesis de la retroalimentación facial, comprobaremos cómo parece que, en la vida diaria, la percepción visual de la cara va generalmente acompañada de la percepción de señales de otros sistemas sensoriales con gran potencial de comunicación emocional; además de la prosodia, se destacan la postura del cuerpo, el tono muscular y el olfato.

Es preciso tener en cuenta que la integración emocional multisensorial es un proceso automático e inconsciente (De Gelder, 2005) de suma importancia en el estudio del procesamiento emocional.

Los dos modelos más extendidos en el estudio de las diferencias en la participación de los hemisferios cerebrales en la percepción de las emociones han sido el de la predominancia del hemisferio derecho (HD) y el de las valencias. Se ha destacado la dominancia del HD porque se ha observado que desempeña un papel esencial en algunos aspectos, como la reactividad autonómica, la experiencia emocional o incluso el procesamiento de palabras de contenido afectivo (LeDoux, 1996). Estudios llevados a cabo con pacientes lesionados en el hemisferio derecho describen que estos tienen más dificultades en la percepción y comprensión del significado de la expresión facial o de la prosodia que los pacientes con lesiones del hemisferio izquierdo (HI) (Borod *et al.*, 1998).

Por otro lado, y de acuerdo con el modelo de lateralización en las valencias, se ha considerado en general que el HD sería responsable de las emociones negativas y el HI, de las positivas. Desde una perspectiva mixta, algunos autores consideran que la percepción de la expresión facial de las emociones está lateralizada en el HD, independientemente de la valencia, es decir, sea la emoción positiva o negativa. La lateralización se expresaría en este caso en la mayor rapidez de respuesta del HD en condiciones experimentales de exposición unilateral del estimulo, ante cualquier tipo de emoción (Tamietto, Latini, De Gelder y Geiniani, 2005).

La expresión facial de las emociones es un aspecto fundamental del componente conductual y lleva implícita la comunicación emocional. Tiene la función de informar al receptor sobre el estado emocional o mental del emisor, además de cuál puede ser su comportamiento más probable. Como en el caso de la percepción de las emociones, también se ha considerado cierta asimetría a favor del HD en relación con la expresión emocional, especialmente en lo que se refiere a la producción de gestos expresivos. Debido a la dominancia del HD y su proyección contralateral, la parte izquierda de la cara sería al parecer más expresiva que la derecha (Tranel, Damasio y Damasio, 1998).

Facilitación emocional

La facilitación emocional, como segunda rama de la IE, se refiere a la habilidad para generar, usar y sentir la emoción como competencia necesaria a la hora de comunicar sentimientos, o emplearlos en otros procesos cognitivos (Mayer *et al.*, 1999, 2000*a*, 2000*b*), y viceversa (Lazarus y Lazarus, 1994).

Partiendo de una perspectiva evolucionista, LeDoux (1995) destaca el hecho de que los primates tengan más conexiones entre la corteza y el núcleo amigdalino que otros mamíferos, como si la evolución viniera ampliando las interrelaciones entre las áreas responsables de las emociones y las relacionadas con los procesos cognitivos. De esta manera aprendemos de las experiencias y, es más, hasta los contextos ambientales podrían heredar propiedades emocionales que se aprenden por medio del condicionamiento clásico.

Siguiendo en esa línea destacaríamos las aportaciones de Edelman y Tononi (2002), quienes consideran que, una vez se ha establecido el aprendizaje, este tiende a automatizarse, de manera que buena parte de nuestra vida cognitiva puede ser el fruto de condicionamientos sucesivos traducidos, en palabras de los autores, en rutina altamente automatizante.

De esta forma es probable que gran parte de nuestra vida adulta y la actividad que desplegamos descansen en automatismos altamente eficaces que pueden liberar las áreas corticales del cerebro que participan en la actividad consciente de hacerse cargo de esa tarea, resultando quizá más económica desde el punto de vista del gasto metabólico. Así, nuestros deseos y miedos inconscientes pueden estar influyendo, sin que seamos conscientes de ello, en nuestros pensamientos y conductas conscientes (De Gelder, 2005).

LeDoux (1995) asegura que las respuestas emocionales y el contenido consciente son producto de mecanismos emocionales especializados que operan a nivel inconsciente. Tan importante es en dicho contexto ser conscientes, en un momento determinado, de que estamos produciendo un automatismo, como serlo de que el precio que hay que pagar por él puede resultar a su vez muy caro debido a la rigidez que los automatismos imponen en nuestras respuestas.

Si bien queda mucho por entender sobre cómo se produce el proceso de cambio de inconsciente a consciente, es preciso tener presente que las emociones son fundamentales, tanto para originar como para alimentar el pensamiento consciente (Edelman *et al.*, 2002).

Los sistemas cognitivos y los sistemas emocionales trabajan juntos informando y mediando en las estrategias del comportamiento inteligente. De hecho, se ha sugerido la posibilidad de que uno de los propósitos centrales de la emoción sea ayudar al procesamiento cognitivo y al comportamiento estratégico (Damasio, 1994).

Recientemente, y en el contexto de las neuronas cognitivas, Phelps (2006) ha destacado los estudios de Johnson (2000),

en los que se ofrecen evidencias que confirman que la amígdala puede estar implicada en los humanos, además de en el
aprendizaje de estímulos bajo refuerzo positivo. La autora se
refiere a estudios que sugieren que la emoción puede influir
en la toma de conciencia de estímulos emocionales cuando el
nivel de atención es limitado. Postula que la emoción a través
de la amígdala modula el procesamiento de la información
en las fases tempranas (atención y percepción) del análisis
de la información visual, de manera que dicha estructura podría influir en la cognición. Las múltiples conexiones de sus
diferentes núcleos con hipotálamo lateral, tronco encefálico,
tálamo y neocórtex confieren a la amígdala, por otro lado,
un rol importante en el procesamiento de los componentes
tanto autonómicos como cognitivos de la emoción (Kandel,
Schwarts y Jessel, 2001).

Comprensión emocional

La comprensión de las emociones, tercera rama del modelo
de IE de Mayer *et al.* (1997), está relacionada con la capacidad
no solo de comprenderlas, sino también de usar el conocimiento emocional. Asimismo implica la capacidad cognitiva
de etiquetar las emociones y percibir las relaciones y diferencias entre ellas.

La comprensión de las emociones da por hecho la existencia de estructuras o conexiones que relacionan el sistema límbico (emociones) con las partes de la corteza cerebral que se
han mencionado y que están relacionadas con la percepción,

el entendimiento, la comprensión y el análisis de la información emocional.

Algunos autores (Aguado, 2005) destacan la creencia de ciertos investigadores según la cual la actividad de las neuronas espejo es la responsable de nuestra capacidad para comprender los estados emocionales de otras personas o para experimentar lo que podríamos llamar "empatía emocional". Este mecanismo podría ser el fundamento de una forma intuitiva e inmediata de comprender las emociones expresadas por los demás, sin necesidad de deliberación o razonamiento. La percepción de la expresión de una determinada emoción en otra persona activaría en nuestro cerebro los mismos sistemas neurales que son activados cuando nosotros mismos experimentamos esa emoción. Así, cuando vemos a alguien expresar terror o tristeza somos capaces de comprender sus estados emocionales porque literalmente nuestras neuronas espejo se activan, lo que nos lleva a ponernos en su lugar y experimentar nosotros mismos un estado similar.

Por otro lado, se ha sugerido que la habilidad para darse cuenta del propio estado emocional es una competencia clave para varias de las habilidades de la IE, tales como el control del impulso, la persistencia, el entusiasmo y la automotivación, la empatía y la habilidad social (Lane, 2000). La conciencia emocional tiene que ver con el grado de diferenciación e integración del esquema utilizado para procesar la información proveniente del mundo interno y la procedente del mundo exterior a través de las relaciones interpersonales.

Regulación emocional

Según Mayer *et al.* (2000*b*), la regulación de emociones empieza con su percepción. El paso siguiente es llegar a comprender
los procesos emocionales y considerar sus variaciones. Finalmente, con la información obtenida de las emociones, su manejo o regulación nos permiten adaptarnos a contextos inter-
e intrapersonales (Mestre, Palmero y Guil, 2004).

Las emociones son complejas, caóticas y confusas y contie-
nen sus propios sistemas de castigos y recompensas. ¿Cómo
regularía, entonces, una persona las emociones? Una buena
regulación emocional requiere flexibilidad. Por ejemplo, estar
abiertos a los sentimientos es importante, pero no todo el tiempo. La regulación de las emociones implica además que una
persona entienda cómo progresan las emociones en contextos
intra- e interpersonales. Regular las emociones es como tener
acceso a un "grifo" donde se encauzan las emociones como un
"torrente de agua". Así, la supresión emocional (por ejemplo,
de la ira) es decidir cerrar el grifo y acumular en ese momento
más volumen de agua de lo que se pueda retener; pero abrir
totalmente el grifo implica demasiado volumen de agua que
una persona inexperta puede no saber controlar. Aplicar este
símil es fácil de hacer, sin embargo, cuando se trata de emociones y de diferentes tipos de emociones, adquirir esta habilidad
requerirá tiempo, entrenamiento, evaluación de las estrategias
realizadas, ensayos con muchos errores y cierta dosis de autoeficacia emocional. Este logro implica, al menos, tiempo y un
esfuerzo prolongado. También sin duda la conciencia previa

de nuestras emociones, la identificación de aquellas que requieren ser gestionadas y la voluntad clara de querer hacerlo.

La regulación emocional requiere la participación de tres partes del encéfalo: a) el sistema límbico (procesos emocionales); b) la corteza cerebral, especialmente la prefrontal y la frontal (donde reside buena parte de nuestras habilidades intelectuales), y c) los circuitos o estructuras neurales de interconexión de ambas partes, entre los que cabe destacar la corteza cingulada.

Si bien esta división puede facilitar el estudio de la regulación emocional, recordemos la limitación del enfoque del desconocimiento sobre la posible existencia de algún tipo de mecanismo que coordine o armonice la actividad de estos diferentes sistemas.

Sistema límbico y patrones de respuesta emocional

El sistema límbico (SL) interviene en la expresión de las emociones, en funciones vinculadas con la memoria y tiene además acceso a la información proporcionada por los sentidos. Siguiendo a LeDoux (1995, 1996, 2000), las estructuras límbicas están interconectadas de modo que la información pueda distribuirse a través de todo el sistema.

El primer paso para la regulación de las emociones sería su percepción, en la que interviene la corteza visual, que se encarga de crear una representación exacta y precisa del estímulo. El resultado del procesamiento cortical es enviado al núcleo amigdalino a través de la vía cortico-límbica (Bechara *et al.*, 1995). Mientras tanto, la vía talamico-límbica, que también envía la información hacia el núcleo amigdalino, es más rápida que la vía cortico-límbica, si bien es también menos precisa. Esta vía talamico-límbica nos permite comenzar a responder a los estímulos potencialmente peligrosos antes incluso de que sepamos de que estímulo se trata. En situaciones de peligro, esta vía podría ser muy útil para reaccionar con rapidez (LeDoux, 2000).

A la luz de estas aportaciones parece lógico considerar que la vía cortico-límbica (sin que por ello la vía talamico-límbica carezca de importancia) representa un gran papel en la "regulación reflexiva" a la que nos estamos refiriendo y que se corresponde con esta cuarta rama del constructo de la IE, en el modelo de Mayer *et al.* (1997).

La regulación reflexiva de las emociones implica la previa conciencia de ellas, y Edelman *et al.* (2002) sugieren que en un momento dado solo un subconjunto de grupos neuronales del cerebro humano contribuiría directamente a la experiencia consciente.

Dicho subconjunto debería formar parte, desde el punto de vista de los autores, de una agrupación funcional distribuida que, a través de la interacciones de reentrada en el sistema tálamo-cortical, alcanzaría un alto grado de integración en cuestión de milisegundos. Además, dicha agrupación debería presentar un alto nivel de especialización y complejidad. Sus neuronas deberían estar fuertemente interconectadas en escalas de tiempo de fracciones de segundo y diferencias del resto del tejido cerebral, en ese periodo de tiempo.

A dicha agrupación de neuronas le dan el nombre de *núcleo dinámico*. La hipótesis del *núcleo dinámico* postula la existencia de un proceso dinámico de localización cambiante en el que incluso cabe que las mismas neuronas puedan participar, en un momento dado, en un proceso consciente y, en otro, en un proceso inconsciente.

La regulación reflexiva de las emociones implica la capacidad de percibir, expresar, comprender y decidir influir sobre ellas. Es, por tanto, que requiera la participación de muchas estructuras o sistemas funcionales, como estamos viendo. Todos ellos operan eficazmente en las personas en ausencia de lesión cerebral o psicopatología. Sin embargo, existen niveles de regulación reflexiva de las emociones, y no solo entre las diferentes personas, sino en una misma persona con respecto a las diferentes emociones que, más o menos conscientemente, podemos experimentar o en función de las circunstancias y otros factores.

Esperemos que la neurociencia de la conducta y la emoción siga estudiando estos complejos procesos y pueda ir brindando información que nos ayude en la interesante tarea de tratar de responder a esta y otras interesantes cuestiones. Quizá también la evolución siga expandiendo, en palabras de LeDoux (1999), las conexiones neurales responsables de las emociones y los circuitos responsables del control consciente. Si así ocurriera, las personas iríamos ganando control sobre las emociones, en el sentido de una mayor integración de la razón y la emoción; de manera que estos dos componentes tan relevantes de la conducta funcionen al unísono, en vez de hacerlo de forma independiente, como parece que ocurre en el momento actual de evolución. Sera necesario sin duda, en cualquier caso, tener siempre presenta la variabilidad individual, e incluso la variabilidad intrasujeto en función del contexto y las circunstancias.

La regulación de las emociones se sitúa, por tanto, en el corazón del desarrollo de la inteligencia emocional y de la inteligencia social y representa una de las funciones más sofisticadas y evolucionadas de la conducta humana. Representa la armonización y la orientación hacia el equilibrio, en el proceso de evolución, entre los diferentes estamentos que configuran nuestro cerebro: el del sistema límbico y quizá más concretamente del complejo amigdalino, como fuente de emoción; el de los lóbulos frontales, como motor de socialización y de creatividad, y el de la corteza cingulada anterior, como probable moderadora, intra- e intersujeto, entre la emoción y la socialización.

Estas consideraciones son muy interesantes desde la neurociencia; se requerirán más estudios que investiguen estos temas, a la vez que confirmen sus hallazgos a través de la creación de instrumentos confiables que midan los comportamientos de los sujetos de manera biológica y social y validen los ya existentes con el fin de desarrollar más y mejor conocimiento de los constructos de la emoción y la razón, que a su vez sean elementos fiables y con un alto porcentaje de predictividad de las funciones cognitivo-emocionales de las personas.

Neurofisiología y mindfulness

Existe otro aspecto de la ciencia occidental que ha alcanzado un grado de maduración que lo hace confluir con la práctica de la meditación. Me refiero a la neurociencia, y en particular a lo que se llama neurociencia cognitiva y neurociencia afectiva. Los avances de algunos métodos de estudio del cerebro, como las técnicas de neuroimagen y el procesamiento computarizado de las señales electroencefalográficas, hacen que estemos en condiciones de estudiar los correlatos neurobiológicos de los pensamientos y de las emociones con un grado de precisión, tanto espacial como temporal, que hace unos 20 o 30 años resultaban inimaginables.

Estas técnicas nos están permitiendo conocer la interacción mente-cerebro por primera vez en la historia de la humanidad, y ellas han comenzado a facilitar que sepamos lo que sucede en el cerebro cuando se practica mindfulness.

En estrecha relación con la neurociencia se encuentra el área interdisciplinaria que Siegel (2009) ha denominado neurobiología interpersonal (IPNB). La peculiaridad y novedad de la situación actual reside precisamente en la posibilidad de que se produzca un diálogo entre disciplinas que antes se encontraban bastante aisladas, como la neurociencia, la psicología del desarrollo, la psicoterapia y el propio conocimiento de la mente (*mindsight*) que se alcanza por la práctica de mindfulness.

Antes de examinar lo que hace mindfulness veamos primero en qué consisten esas influencias que dificultan la percepción del presente en su estado casi puro.

Cuando la información procedente de los órganos de los sentidos se abre paso a través de los sistemas sensoriales hacia zonas cada vez más elevadas del sistema nervioso, se ve constreñida y modelada por la actividad nerviosa de extensas redes neuronales, que la filtran con criterios basados en la experiencia vital previa de cada sujeto. Es lo que expresa el viejo refrán castellano de que «todo es según el color del cristal con que se mira». Y la dificultad consiste en "quitar" ese cristal para poder ver las cosas sin la deformación que su presencia comporta.

En términos neurofisiológicos, esa influencia que nos filtra la percepción de la realidad ha sido bautizada por Engel, Fries y Singer (2001) como *procesamiento de arriba abajo,* en oposición al procesamiento de abajo arriba, que describe la entrada de información "fresca" desde los órganos sensoriales. Hay amplia evidencia –escriben Engel *et al.* (2001)– de que el procesamiento de estímulos está controlado por influencias de arriba abajo que conforman poderosamente las dinámicas intrínsecas de las redes tálamo-corticales y crean constantemente rediciones acerca de los eventos sensoriales entrantes.

Estas influencias descendentes ejercen una suerte de *esclavización* de los procesos de elaboración de la información más locales y emergentes. Los procesos de arriba abajo existen, sin duda, porque poseen un alto valor para la supervivencia, ya que permiten procesar y clasificar rápidamente la información que llega, facilitando así una toma rápida de decisiones, necesarias para sobrevivir. Ahora bien, en ese proceso de clasificación de la información que trata de hacer encajar todo lo nuevo en categorías y moldes viejos, es inevitable que se pierda una gran parte del material entrante, precisamente la más novedosa, la que no se deja asimilar fácilmente a las categorías previamente establecidas.

El sistema actúa imponiendo una serie de filtros automáticos que resaltan los aspectos ya conocidos de la realidad y atenúan o eliminan del todo sus aspectos novedosos. Es ese color del cristal con que miramos que hace que todo lo veamos de una tonalidad prestablecida.

Los procesos de *arriba abajo* son muy poderosos a la hora de *esclavizar* la información viva que accede momento a momento, ya que, como dice Siegel (2007), «están respaldados por una conectividad neural muy potente, mucho más potente que la incertidumbre de vivir en el aquí y ahora».

La información del aquí y ahora (de abajo arriba) tiene, por tanto, muchas dificultades para hacer llegar a la conciencia su auténtico mensaje. Esa información entrante o primaria ha sido clasificada por Siegel (2007) en ocho *sentidos* o corrientes de información sensorial, clasificación muy útil, sobre todo a la hora de representarnos mentalmente la información que manejamos al practicar la atención plena. Esos ocho *sentidos* que pueden verse esquematizados en la tabla 2 son: los cinco órganos de los sentidos clásicos, la interocepción (incluyendo las sensaciones viscerales y propioceptivas), la comprensión de la mente (de la propia y de la ajena; *mindsight*, teoría de la mente), y, por último, el octavo sentido, nuestro sentido relacional, que nos informa sobre la existencia de resonancia o disonancia en nuestras relaciones interpersonales y nos permite *sentirnos sentidos* por los otros.

Tabla 2. Las ocho vías de entrada de información al espacio de la conciencia y regiones cerebrales más relacionadas según Siegel, 2007 (Simón, V. 2007). (PFC: Corteza Prefrontal)

Sentidos	Información	Región cerebral
Vista, oído, tacto, olfato, gusto	Mundo físico externo	Córtex posterior
Interocepción	Mundo físico interno	Corteza somatosensorial, ínsula
Visión de la mente	Mente	PFC Medial
Resonancia	Relaciones interpersonales	Neuronas en espejo y PFC

Lo que se hace en mindfulness es prestar una atención más plena a esas ocho corrientes de información que pueden acceder al espacio de la conciencia (no todas a la vez). Al prestar una atención especial y detallada a la información entrante, comenzamos a dificultar el funcionamiento de los procesos de arriba abajo y favorecemos la llegada de más riqueza informativa a las instancias prefrontales. El proceso de prestar una atención especial a cualquiera de las ocho corrientes informativas requiere que una parte del córtex prefrontal, concretamente la corteza prefrontal dorso-lateral (DLPFC; *dorsolateral prefrontal córtex*), se active al tiempo que recibe la información que está siendo privilegiada en ese momento. Una vez se ha dirigido la atención a una de las corrientes sensoriales (con la participación de la DLPFC), si implicamos a la vez a nuestra capacidad de auto-observación, es decir, a la metacognición que nos permite hacernos conscientes de los procesos mentales que están en marcha (y que implica la intervención de las zonas más mediales del córtex prefrontal, incluyendo la corteza órbito-frontal), tendremos la oportunidad de flexibilizar la respuesta, desconectando, por decirlo así, la automaticidad que, en ausencia de esta intervención consciente, se hubiera producido.

Podríamos decir, SODA: *Si Observas, Desconectas la Automaticidad* (traduciendo libremente las siglas que propone Siegel, YODA: *You Observe and Decouple Automaticity*).

A lo largo de la vida, en nuestra interacción con el mundo y con los demás hemos ido desarrollando una forma de ser y de actuar que conforma la identidad personal de cada uno, identidad que nos acompaña a todas partes y que, con sus ventajas y sus inconvenientes, nos facilita adaptarnos a las circunstancias y sobrevivir. Es, en cierta forma, una máscara, caparazón o envoltura, que impide ver, tanto a los demás como a nosotros mismos, lo que se halla situado más profundamente, la sustancia de nuestro yo verdadero, lo que podríamos llamar la *ipseidad* (*el sí mismo*).

Lutz *et al.* (2007) la definen como «el mínimo sentido subjetivo de la yoidad en la experiencia, lo que constituye un *self* mínimo o nuclear» (*self nuclear* en el sentido de Damasio). Quizá sea apropiado recurrir a la poesía para transmitir más intuitivamente este concepto arrancado a la experiencia del autoconocimiento profundo.

Encontrar el funcionamiento de estos procesos de la conciencia es de suma importancia; conocer las estructuras que subyacen en estos procesos cognitivos y emocionales, priorizar el análisis de los diferentes elementos del sistema nervioso que dan origen al comportamiento humano es tarea permanente de las neurociencias y de la psicología para comprender el complicado mundo de la mente y, más aún, el de mindfulness.

El enfoque de las neurociencias ampliará el conocimiento de los efectos de mindfulness como recurso para lograr solucionar muchos de los problemas que afrontan las personas en su entorno psicosocial; es decir, la inclusión del aporte de las neurociencias a mindfulness ayudará a comprender cómo se realizan los procesos para regular nuestras emociones, además de incluir instrumentos de medidas fisiológicas que aporten información al conocimiento del comportamiento humano.

5. Integrando la inteligencia emocional y mindfulness

«... Ella estaba sola y sentada en la escalera, esperando
un no sé qué, parecía como si el tiempo no transcurriera
[...] era una estudiante que aparentaba quizá 19 años o
algo menos, su rostro expresaba una profunda soledad
como si estuviera dentro de un desierto, miraba a través
del ventanal que daba a los jardines universitarios...»

HÉCTOR ENRÍQUEZ

Introducción

Durante el último par de décadas, la inteligencia emocional
y mindfulness han crecido rápidamente en las grandes tendencias en los mercados de comercialización de la literatura
de psicología y los libros de autoayuda. Ambos han demostrado tener muchas ventajas, incluyendo una mejor salud,
aumento de la autorregulación y autoconocimiento, mejores
habilidades intrapersonales, mayor rendimiento académico, niveles más bajos de depresión, etcétera (Spence, 2006;

Niemiec, 2008). Hay también diversas críticas contra estos constructos, por ejemplo, la sobrevaloración de su influencia y estudios empíricos escasos. Bowman (2009) considera que la IE requiere de mayor investigación para proporcionar más solidez a sus constructos teóricos. mindfulness se encuentra con el mismo desafío.

En este sentido, el modelo de IE de Salovey y Mayer ha realizado un importante esfuerzo a fin de desarrollar una visión científica del concepto. El modelo de IE propuesto por estos autores se centra, de forma exclusiva, en el procesamiento emocional de la información y en el estudio de las capacidades relacionadas con dicho procesamiento (Salovey y Mayer, 1990).

La IE a través del mindfulness está muy relacionada con la tercera generación de terapias cognitivo-conductuales que subrayan la importancia de mejorar la relación con nuestra experiencia interna, más que tratar de eliminar o modificar dicha experiencia; sus principios podrían dirigirse a la población general y no limitarse a la población clínica.

Para Vallejo (2007), uno de los aspectos positivos de este tipo de terapias es subrayar lo inadecuado de esforzarse por eliminar emociones negativas como la ansiedad, la infelicidad, el dolor, pues este tipo de emociones tienen un valor adaptativo y proporcionan información válida sobre la necesidad de retomar nuestro comportamiento según nuestras necesidades y valores.

Este planteamiento es compartido por el modelo de IE que subraya el valor adaptativo de las emociones tanto negativas como positivas. De modo que no podemos clasificar las emociones como buenas o malas, sino que más bien debemos comprender su valor adaptativo. Mindfulness como técnica invita a la aceptación de la experiencia presente, aun cuando se persiga cambiar dicha experiencia, y, para ello, propone disminuir la incidencia del lenguaje como elemento distorsionador de la experiencia real. Desde la aceptación de los hechos puede plantearse su cambio. De este modo, mindfulness resulta una técnica adecuada para trabajar en contextos terapéuticos y educativos. La clave de la eficacia del mindfulness reside en la combinación de la atención al momento presente junto con una actitud no valorativa que implica curiosidad y aceptación (Bishop *et al.*, 2004).

Integrando mindfulness en el modelo de habilidades de Salovey y Mayer

El modelo de IE propuesto por Mayer y Salovey (1997) podría beneficiarse de la inclusión de mindfulness como un elemento imprescindible para hacer énfasis en una forma de percibir las emociones que realmente irá acompañada de una mayor claridad y reparación de los estados emocionales (Ramos *et al.*, 2008).

Recordando el modelo de habilidad, la IE implica cuatro grandes componentes (Mayer & Salovey, 1997):

- Percepción y expresión emocional. Representa la habilidad para reconocer de forma consciente las emociones, identificar lo que se siente y ser capaces de darle una etiqueta verbal.

- Facilitación emocional. Representa la habilidad de hacer uso de las emociones a fin de facilitar diferentes procesos cognitivos.
- Comprensión emocional. Representa la habilidad para comprender la información emocional, la evolución de los estados emocionales a través del tiempo y su significado.
- Regulación emocional. Representa la habilidad de dirigir y manejar las emociones, tanto positivas como negativas, de forma eficaz.

Las cuatro habilidades están enlazadas de forma que para una adecuada regulación emocional es necesaria una buena comprensión emocional y, a su vez, para una comprensión eficaz se requiere una apropiada percepción emocional. No obstante, lo contrario no siempre es cierto. Personas con una gran capacidad de percepción emocional carecen a veces de comprensión y regulación emocional.

Diversos estudios apuntan a la función adaptativa de la claridad emocional (Gohm y Clore, 2002; Salovey *et al.*, 1995; Swinkels y Giuliano, 1995) y competencias de regulación emocional (Kirsch, Mearns y Catanzaro, 1990; Mearns, 1991); el papel de la atención en la autorregulación de los estados afectivos es menos claro.

Atención emocional y mindfulness

Parece ser que la atención emocional como habilidad podría ser la puerta de entrada para la generación tanto de la claridad como de la regulación emocional en un proceso de entrenamiento terapéutico, donde la IE y mindfulness estén compartiendo sus estrategias de cambio comportamental.

Al revisar el concepto de IE, la atención emocional no siempre redunda en un mayor bienestar emocional (Ramos *et al.*, 2008). Para Extremera *et al.* (2002) parece que cuando esta es excesiva puede impedir que el acontecimiento emocional sea integrado correctamente. De forma que, por un lado, es necesaria una suficiente atención a los estados emocionales para que puedan ser integrados correctamente, pero cuando dicha atención resulta excesiva puede devenir en dificultades.

Desde una perspectiva del proceso de regulación emocional, la atención centrada en el propio estado afectivo momentáneo desempeña un papel importante en la autorregulación del afecto. En una situación dada, un mínimo de atención a los sentimientos es necesario para ver con claridad nuestros estados afectivos, a fin de evaluar su relevancia para las preocupaciones actuales, y decidir si se debe hacer algo al respecto (Parkinson, Totterdell, Briner y Reynold, 1996). Por ejemplo, la atención dirigida a una emoción positiva puede conducir a mayor conciencia y al disfrute de la emoción y los intentos para mantener ese estado; o en el caso de una emoción negativa, la atención puede indicar intentos de mejorar la emoción (si la condición se evalúa como no deseada). Así, prestar atención a los sentimientos es necesario para la regulación efectiva de los afectos.

Por otro lado, una mayor atención con la disposición a lo emocional ha sido considerada como perjudicial para el bienestar afectivo. Por ejemplo, Swinkels *et al.* (1995) sostienen que un seguimiento de las emociones implica un cierto grado de vigilancia, lo que puede llevar a una mayor participación y a la absorción en el estado afectivo; y en el caso de estados de emociones negativas, a la intensificación y prolongación de afectos desagradables. El acto de auto-atención en sí puede empeorar el estado de ánimo actual, pero mejorar la percepción de las discrepancias que existen entre lo real y el yo ideal.

La atención emocional ha sido conceptualizada como una meta-construcción emocional que indica la frecuencia con la que una persona dirige su atención a sus estados afectivos; se ha demostrado que estos son distintos de la claridad de los sentimientos, es decir, la capacidad de identificar etiquetas de los estados afectivos y la capacidad de regulación emocional (Salovey *et al.*, 1995; Swinkels *et al.*, 1995).

Según Carver, Scheier y Weintraub (1989), la atención centrada en uno mismo ayuda a las personas en la consecución de sus objetivos, ya que aumentan las discrepancias entre su situación actual y la meta por alcanzar.

Empíricamente, una mayor conciencia personal se ha relacionado con un mejor conocimiento de sí mismo (Nasby, 1989) y una autorregulación eficaz (Mullen y Suls, 1982). Por otro lado, el aumento de puntuaciones de conciencia personal (atención) ha sido consistentemente asociado con mayores niveles de violencia psicológica, angustia, afecto negativo crónico y depresión (Ingram, 1990).

Los resultados de un reciente meta-análisis, realizado por Mor y Winquist (2002), indican que la atención tiene implicaciones afectivas diferenciales, dependiendo de los aspectos específicos que son atendidos: el tipo de enfoque (por ejemplo, rumiativo o no rumiativo), y el contexto en el que el enfoque se lleva a cabo (por ejemplo, después del éxito o fracaso).

Lischetzke y Michael (2003), en un estudio para examinar la atención emocional en el bienestar afectivo, encontraron que la reparación, pero no la claridad emocional, modera los efectos de la atención emocional sobre el bienestar. Los resultados indican que en las personas con regulación emocional elevada la atención fue beneficiosa para el bienestar, mientras que en las personas con bajas puntuaciones de regulación emocional, la atención era perjudicial para el bienestar afectivo; también reveló que la atención incorpora tanto aspectos adaptativos como desadaptativos.

Una posible respuesta al porqué una atención excesiva puede resultar inadecuada podemos encontrarla al analizar la atención emocional desde el marco teórico de mindfulness. El trabajo teórico e investigador desarrollado en la línea de mindfulness indica que cuando la atención emocional va acompañada de la valoración o juicio sobre la emoción sentida, lejos de permitirnos integrar adecuadamente la experiencia, nos podría conducir a la reactivación de determinados patrones de pensamientos que nos alejan de la experiencia inmediata y tienden a perpetuarse (Segal *et al.*, 2002). El entrenamiento en mindfulness permite tomar perspectiva ante estos patrones de respuesta y, por ende, dar una respuesta no condicionada a estos.

Comprensión emocional y mindfulness

La práctica de mindfulness llevaría asociada una mayor conciencia de los patrones condicionados que son activados en nuestra mente de forma recurrente. Cuando estos patrones dejan de activarse de forma automática y empezamos a ganar una mayor claridad frente a ellos estamos en condiciones de dejar de producir este tipo de respuestas impulsivas, y ganamos libertad a fin de generar respuestas alternativas que puedan tener un mayor valor adaptativo para el individuo.

Por otra parte, mindfulness guarda una relación fundamental con la regulación y comprensión de los estados emocionales. En este sentido, la comprensión emocional se logra cuando el individuo es capaz de analizar su realidad tomando cierta perspectiva frente a lo que le está ocurriendo. Si no es capaz de ver la realidad de este modo, el individuo fácilmente quedará atrapado en sus propios procesos de pensamiento, se identificará con la experiencia vivida y será incapaz de analizarla desde otra perspectiva (Simón, 2007). Mindfulness favorece un tipo de procesamiento abajo-arriba que difiere de nuestro modo de procesar la información y permite alejarnos de nuestra forma habitual de asimilar la experiencia (Simón, 2007).

Regulación emocional y mindfulness

La práctica de mindfulness nos enseña a acercarnos a las experiencias internas con curiosidad y aceptación, lo cual permite una actitud de no juzgar, elaborar, reparar o cambiar las experiencias (Bishop *et al.*, 2004). Las personas atrapadas por emociones intensas y aterradoras tienen más probabilidades de manifestar dificultades para afrontar sus emociones y aceptarse (Hayes, 2004). El entrenamiento de mindfulness proporciona una forma de cultivar el equilibrio emocional y disminuir la retención de los patrones habituales que oscurecen la percepción y alteran el juicio (Kabat-Zinn, 1990). El trabajo en mindfulness, por un lado, implica una aproximación a la experiencia con curiosidad y aceptación (lo que resulta opuesto a la evitación), pero al mismo tiempo supondría una forma de regular la atención hacia la experiencia inmediata cuando la mente se encuentre divagando de forma recurrente sobre ciertos contenidos (opuesto a la intrusión) (Hayes *et al.*, 2004). Algunos estudios ponen de manifiesto cómo la práctica del mindfulness favorece un cierto distanciamiento frente a la experiencia interna y externa, lo que se traduce en una menor reactividad emocional (y un menor número de intrusiones relacionadas), y al mismo tiempo favorece la apertura a la experiencia con una cierta curiosidad (y una menor evitación de dicha experiencia) (Hayes *et al.*, 2000).

Un método eficaz de regulación emocional (RE) puede ser el de no comprometerse con las emociones a medida que ocurren. Este es el objetivo declarado de la conciencia plena. Es conceptualmente simple, pero muy difícil de lograr. Para ello se requiere una formación sistemática en no comprometerse con la emoción perturbadora (EP), tal como aparece, que a su vez exige una retirada de la autopreocupación (Brown *et al.*, 2007), aprender a observar simplemente los fenómenos mentales (pensamientos, sentimientos y sensaciones) que se manifiestan, tomar nota de cualquier tendencia que evaluar de manera consciente y no comprometerse con estos procesos. Este es el procedimiento que ha sido incorporado a las intervenciones basadas en el mindfulness. Los intentos de suprimir las reacciones emocionales o reevaluación cognitiva de estímulos emocionales son la antítesis del mindfulness.

Linehan (1993) señala que la correcta regulación emocional implica tanto no suprimir la experiencia como no aferrarse a ella, estando relacionada con procesos cognitivos tanto conscientes (negación) como inconscientes (autoculparse) (Gross, 1998*b*). La adquisición y utilización diferencial de las estrategias de regulación emocional tiene repercusiones importantes en las evaluaciones que realicen los sujetos respecto a su grado de bienestar o malestar psicológico. La dificultad para regular emociones encuentra su máximo exponente entre aquellos que tratan de evitar afrontar sus estados emocionales, así como entre los que quedan atrapados por sus emociones y las experimentan de forma recurrente (Gross, 1998). La investigación sugiere que, para negar un objeto mental determinado, primero debe evocarse (Lakoff, 2004; Wegner, Schneider, Carter y White, 1987), es decir, primero evocar el pensamiento que hay que suprimir (por ejemplo, en "no pensar en un elefante rosa", "primero hay que pensar en un elefante rosa"), y, a continuación, suprimir dicho pensamiento.

Sin embargo, la relación exacta entre mindfulness y las estrategias de RE revisadas aún no está clara. Se ha propuesto que evitar la experiencia de emociones desagradables y agradables puede, en última instancia, ser potencialmente perjudicial, y la aceptación de las experiencias emocionales, beneficioso, independientemente de su valor (Whelton, 2004).

Mindfulness es lo contrario de las estrategias de evitación y preocupación excesiva; parece representar un balance emocional que involucra la aceptación de experiencias internas, claridad afectiva y habilidad para regular las emociones propias y estados de ánimo, la flexibilidad cognitiva y un acercamiento saludable a los problemas. Mindfulness puede, de hecho, representar una base sólida desde la cual experimentar las vicisitudes de la vida sin perder nuestro propio equilibrio o distorsionar nuestra experiencia. Esta es la esencia del concepto budista de "ecuanimidad", el cual quizás es algo que podemos enseñar en terapia (Hayes *et al.*, 2004).

Estudios realizados de IE y mindfulness

A fin de validar la eficacia de un programa de IE que incluya la atención plena o mindfulness como un elemento clave del trabajo con emociones, Ramos *et al.* (2009) realizaron un estudio con una muestra de universitarios que formaron parte de un entrenamiento en IE de ocho semanas de duración que integraba la práctica de mindfulness siguiendo las pautas recomendadas en el programa de reducción del estrés propuesto por Kabat Zinn (1990). En comparación con el grupo control, las personas que participaron en el programa manifestaron menor ansiedad y experimentaron cambios significativos en el uso de estrategias cognitivas de regulación emocional. Los individuos que participaron en este programa mostraron una menor tendencia a culparse a sí mismos y a otros de sus dificultades, y un menor número de intrusiones relacionadas con sus dificultades cotidianas. Por otra parte, estos individuos evidenciaron una mayor planificación frente a los problemas cotidianos, así como una mayor capacidad de apreciar lo positivo. Parece que incluir mindfulness en los programas de IE puede ser clave para lograr beneficios emocionales a corto plazo.

En una muestra de estudiantes universitarios (Enríquez, 2010) se obtuvieron resultados significativos en las variables de regulación emocional, empatía y actuar con conciencia, entre la valoración pretest y la postest, en un programa de inteligencia emocional plena con una duración de ocho semanas, en el cual se les entrenó a los estudiantes a regular sus emociones a través de la atención plena; en general, los estudiantes muestran actitudes positivas y disponibilidad cuando se les aplican este tipo de programas que tienen que ver con su desempeño personal.

Usando una medida para enfocar los problemas futuros (Feldman y Hayes, 2005) encontraron que la percepción de sí mismo estuvo asociada con intentos de comprender los antecedentes de los problemas. Como se esperaba, mindfulness se asoció con menos depresión y ansiedad y con más bienestar.

Las terapias basadas en mindfulness, cada vez más, están siendo adoptadas para tratar una serie de trastornos psicológicos (Allen *et al.*, 2006; Baer, 2003). Al mismo tiempo, se está reconociendo que muchos trastornos psicológicos tienen, en su núcleo, una regulación emocional desordenada (ER; Gross & Muñoz, 1995). Por lo tanto, con el fin de promover la salud mental es imprescindible conceptualizar mejor, y así aprender a maximizar la regulación emocional adaptativa.

6. La inteligencia emocional plena

> «Locura es hacer lo mismo una vez tras otra y esperar resultados diferentes.»
>
> ALBERT EINSTEIN

Introducción

Las neurociencias nos han permitido ver que aunque el cerebro está formado por una única red neuronal, hay una especialización y un reparto de funciones mentales entre las distintas ubicaciones cerebrales. Si atendemos a cómo ha ido evolucionando el concepto de "nteligencia", vemos su último exponente en la aparición de la IE, que pone el acento en conectar nuestra parte más emocional con la más racional (Salovey y Mayer, 1993) e interconectar ambas como formas de interactuar con la realidad. Esta diferenciación entre procesamiento emocional y racional puede encontrar su base en la diferencia entre hemisferios cerebrales (hemisferio derecho *versus* izquierdo) y en cómo cada uno de ellos tiene unas funciones determinadas. Así, el hemisferio izquierdo está más relacionado con las funciones analíticas, reflexivas, mientras que el derecho se aproxima a la realidad de manera global, emocional e intuitiva (Epstein, 1998).

Pese al acento puesto por la IE sobre la necesidad de interconectar el procesamiento emocional y racional, lo cierto es que cuando uno presta atención a los programas que surgieron para mejorar la conexión emoción *versus* razón se evidencia que son programas en los que se siguen abordando los problemas emocionales desde nuestra mente más puramente racional o analítica (Ramos, Hernández y Blanca, 2010).

Los ejercicios presentados en este tipo de programas, aunque aparentemente dan mayor importancia a aspectos emocionales, siguen estando centrados en el rendimiento intelectual. En ellos, a menudo el usuario debe afrontar situaciones tipo o imaginarias que podrían sucederle en su vida, pero, aún en el supuesto de que resolviera estas situaciones de forma exitosa, cabe la posibilidad de que en la vida real, cuando el individuo esté implicado de manera directa en situaciones similares, sea incapaz de gestionarlas adecuadamente.

Del mismo modo, es fácil apreciar cómo en muchas ocasiones se dan una serie de instrucciones a los participantes de estos programas obviando si están preparados para llevar a cabo estas instrucciones. En muchas ocasiones, los participantes no pueden seguir las mejores formas de abordar un problema porque no están suficientemente motivados para ello, o bien porque existen una serie de motivaciones que no han sido consideradas o atendidas de manera efectiva. Porque una cosa es lo que creemos a nivel consciente sobre nosotros mismos y la manera en que debemos interactuar con nuestro medio, y otra muy distinta la manera con que respondemos emocionalmente en diferentes situaciones.

Imagina una situación en la que a una madre se le pide que fomente una mayor autonomía en el hijo para que él logre superar sus miedos en determinadas situaciones sociales, pero no se le permite observar el tipo de relación o vínculo que existe entre madre e hijo y, por tanto, pasa desapercibido que la dependencia del niño reporta seguridad a la madre y le ayuda a sentirse poco amenazada en su rol materno.

Es curioso, porque las investigaciones evidencian que no existe una separación real entre nuestros hemisferios (Le-Doux, 1995, 1996, 2000) que, de hecho, están interconectados; y sin embargo, pese a esta conexión, podemos comprender el error de Descartes basándonos en nuestra percepción personal, que nos lleva a percibirnos como divididos entre nuestros afectos y nuestra razón. Esta división ha sido tan radical, que en algún momento pensamos que era necesario dominar el mundo afectivo porque este solo conducía al ser humano a exhibir un comportamiento sesgado. El constructo de IE venía a poner el dedo en la llaga, subrayando que no tenía ningún sentido expulsar de nuestra vida las emociones, sino que más bien había que recuperarlas e integrarlas en la toma de decisiones, en la compresión de los otros y como evidencia que nos permitiría una mayor comprensión de nosotros mismos y, en último término, nos conduciría a una adecuada regulación de los afectos.

El reto del siglo xxi es concretar cómo esta IE puede hacerse realidad y quedar reflejada en nuestra manera de relacionarnos y estar en el mundo.

Delimitación de conceptos

Un concepto surgido recientemente en el mundo académico, aunque por supuesto no es un concepto nuevo en la literatura, es el de conciencia plena o atención plena (Kabat-Zinn, 2003) que pone el énfasis en la atención a la experiencia presente con una actitud de apertura, curiosidad, aceptación y ausencia de juicio. Numerosos estudios ponen de manifiesto que este tipo de atención tiene beneficios a nivel psicológico y físico. Este tipo de atención es muy diferente a la atención que empleamos habitualmente y que se caracteriza por la reflexión analítica y el juicio de valor (Vallejo, 2006, 2007).

Si hablamos de dos formas diferentes de atender a la realidad, cabe pensar que la conciencia que emerja de ambas formas debe ser diferente. Así podemos hablar de conciencia plena *versus* conciencia ordinaria.

Conciencia plena es la conciencia que emerge cuando atiendo a la experiencia que se produce aquí y ahora con una actitud de aceptación, curiosidad y ausencia de juicio.

Conciencia ordinaria es la conciencia que emerge cuando atiendo a la experiencia que se produce aquí y ahora con una actitud de valoración y juicio.

Pues bien, estas formas diferentes de atender a nuestra experiencia también podrían trasladarse a la manera en que atendemos a las emociones experimentadas.

Podemos dirigir una atención ordinaria a nuestras emociones y a cómo estas pueden ser gestionadas inteligentemente; por tanto, una atención caracterizada por la reflexión analítica y el juicio de valor. O bien podemos atender a nuestras emociones con un tipo de atención plena y, por tanto, caracterizada por una actitud de curiosidad y ausencia de juicio.

Cabe decir que nuestra atención ordinaria es de la que hacemos uso la mayor parte del tiempo, dado que desde nuestras primeras experiencias educativas se nos ha enseñado a valorar como buena o mala cada experiencia; hemos convertido en hábito el hecho de valorar casi cualquier cosa que llegue a nuestro campo atencional. Sin embargo, para atender a la experiencia de forma no valorativa tendremos que desandar el camino recorrido.

La atención plena a nuestras emociones nos ofrece la posibilidad de experimentar dichas emociones con mayor frescura, de mantener cierta perspectiva frente a ellas, entender las interpretaciones que de forma automática son activadas en nosotros cada vez que nos enfrentamos a un nuevo estado emocional y, en último término, nos da la posibilidad de construir una forma nueva de relacionarnos con nuestro entorno.

¿Qué aporta la atención plena a la inteligencia emocional?

Ahora situémonos nuevamente en el marco de la IE y en el tipo de evidencias a las que se han llegado, así como a las propuestas educativas que han surgido desde este enfoque.

El primer hecho que hay que destacar es que distintos investigadores parecen estar de acuerdo en la necesidad de que exista una buena comunicación entre nuestra mente racional y la emocional. Así, una persona equilibrada sería aquella que logra alcanzar cierta armonía entre sus pensamientos y emociones, o entre sus aspectos más emocionales y los más racionales. De modo que, por ejemplo, una persona que se encontrara continuamente desbordada por unas emociones que no le permitieran lograr los objetivos que previamente ha establecido sería una persona de la que podríamos decir que posee una baja IE.

La segunda cuestión por subrayar es que parece que ambas mentes aprenden y actúan de forma diferente, pese a ello, y esta es la paradoja, los programas de IE se resisten a cambiar la forma de aproximarnos a nuestra mente emocional, y la propuesta fundamental sigue siendo una aproximación analítica y racional.

Pero nuestro cerebro ha ido evolucionando, y desde hace ya muchos años disponemos de nuevas formas de aproximarnos a la realidad. Al desarrollo de nuestra mente analítica y racional ubicada en el hemisferio izquierdo se incorporó nuestra mente planificadora y metacognitiva vinculada al fuerte desarrollo de los lóbulos frontales en el hombre. Pese a este desarrollo, la sobrevalorización otorgada a la mente analítica ha podido repercutir en un menoscabo de nuestra mente metacognitiva. Una mente que nos permite ser observadores de nuestros propios procesos de pensamiento y, por tanto, acceder a la realidad dejando a un lado dichos procesos. Y esto en último término guarda mucha relación con aquello a lo que denominamos atención plena. Una atención cuya práctica mantenida redunda en un incremento significativo de las conexiones neuronales. Así lo han comprobado los investigadores de la Universidad de Wisconsin-Madison (EE UU) que desde 1992 llevan a cabo un estudio en colaboración con el actual Dalai Lama y otros monjes budistas muy experimentados en el arte de la meditación. Los últimos resultados de este estudio, liderado por los neurocientíficos Antoine Lutz y Richard Davidson, han sido publicados en la revista *Proceedings of the National Academy of Sciences*.

Sara Lazar y cols. (2005) del Massachussets General Hospital demostraron la existencia de cambios estructurales en el cerebro con la práctica de la meditación. El resultado más destacado del estudio de Lazar es que en ciertas zonas de los cerebros de los meditadores existía un grosor mayor de la corteza cerebral. Las zonas implicadas fueron la ínsula del hemisferio derecho (área asociada a la actividad interoceptiva y a la conciencia de la respiración) y la corteza prefrontal también derecha (áreas 9 y 10 de Brodmann), que se asocia claramente con la atención sostenida. Este trabajo de Lazar y colaboradores demuestra que la experiencia de mindfulness, no solo provoca cambios funcionales transitorios, sino que también deja huellas estructurales en el cerebro.

En aquellos trabajos en los que se estudia la actividad cerebral relacionada con la meditación, utilizando la neuroimagen (véase por ejemplo la revisión de Cahn y Polich, 2006), suele destacar la corteza prefrontal por su importante participación.

Las funciones de la corteza prefrontal siempre tienen el carácter de supervisar funciones (como pueden ser el lenguaje, la motilidad o las funciones vegetativas), que llevan a cabo otras estructuras cerebrales, situadas más caudalmente en el sistema nervioso. Las funciones prefrontales se caracterizan por su carácter de integración de procesos muy diversos, como el pensamiento, la conducta o la afectividad (Simon, V., 2007).

Siegel, en su libro *The Mindful Brain* (2007), enumera nueve funciones de la corteza prefrontal medial. Estas funciones son las siguientes: regulación corporal, comunicación sincronizada con otras mentes a través de procesos de resonancia, equilibrio emocional, flexibilidad de respuesta, empatía, auto-conocimiento (*insight*), modulación del miedo, intuición y moralidad. Siegel considera que todas estas funciones están relacionadas con mindfulness y que, además, las siete primeras también tienen que ver con las relaciones parento-filiales del apego seguro.

Mindfulness permite una sincronización interna con uno mismo, en la que se facilita la integración de todos los sistemas neurales para que el sistema nervioso en su conjunto funcione de una manera coherente (Simón, V., 2007).

Toda esta evidencia nos permite concluir que la atención plena resulta fundamental para lograr el principal objetivo de la IE: armonizar la mente emocional y la racional, integrar diferentes aspectos de nuestro intelecto que muy frecuentemente aparecen disociados y nos llevan a percibir como enfrentados elementos que podrían actuar en perfecta armonía.

Hacia un nuevo concepto: inteligencia emocional plena (INEP)

Nuestra propuesta para lograr armonizar la mente emocional y la racional es incluir la práctica milenaria de la atención plena como herramienta potenciadora de la inteligencia emocional.

Precisamente definimos la inteligencia emocional plena como la gestión eficaz de las emociones haciendo uso de la atención plena. Para el desarrollo de este tipo de inteligencia hemos creado un programa de entrenamiento (Programa de Inteligencia Emocional Plena, PINEP); muy brevemente nos referiremos a él como un programa que combina la práctica de la conciencia plena con una serie de ejercicios emocionales a los que el individuo se enfrenta usando la atención plena como herramienta fundamental para gestionar las emociones que suscita la experiencia. Este programa está siendo aplicado en distintas poblaciones y empieza a arrojar resultados favorables sobre el bienestar del individuo. Nuestro PINEP incrementa la capacidad de los estudiantes universitarios a la hora de regular sus estados emocionales, tiene un efecto significativo en el bienestar personal y la capacidad de apreciar lo positivo, disminuye las intrusiones relacionadas con sus problemas cotidianos e incrementa el nivel de empatía en los participantes. Por otro lado, los participantes tras la práctica se responsabilizan más de sus problemas y culpabilizan menos a otros de estos. Del mismo modo, este tipo de entrenamiento ayuda a los individuos a sentirse más satisfechos con su ocupación profesional, así como a tener más claros los objetivos que desean alcanzar (Ramos, Hernández y Blanca, 2010; Enriquez, 2011; Recondo, en elaboración).

Creemos que el entrenamiento mantenido en la INEP nos permitirá experimentar en primera persona la conexión que existe entre nuestras emociones y cogniciones, así como comprobar que cerebro emocional y racional no son entidades independientes. Existe una lógica emocional que en muchas ocasiones ha escapado de nuestro conocimiento consciente, resultando inconsciente, pero sencillamente porque estaba fuera de nuestro foco atencional, o porque no habíamos dirigido la atención correctamente hacia unos condicionamientos que tienden a pasar desapercibidos a nuestra atención ordinaria. Observamos siempre la realidad desde nuestro particular marco de referencia, y esto nos lleva a dirigir nuestra atención siempre sobre el mismo tipo de información, aquella que viene a confirmar nuestras expectativas sobre nosotros mismos, los demás y el entorno que nos rodea. A lo que llamamos realidad, no es más que al prisma a través del cual observamos dicha realidad, pero si entrenamos a los individuos en un tipo de atención a la experiencia presente, animándoles a ver el cristal a través del cual filtran su experiencia, podrían descubrir que hay otras formas de relacionarse con su realidad.

Cuando el individuo presta atención a su experiencia inmediata y tiene en cuenta el filtro a través del cual observa, es posible que acceda a una mayor cantidad de información, que además será más rica y variada.

No olvidemos que la atención ordinaria se caracteriza por un procesamiento arriba-abajo determinado por nuestra experiencia previa; mientras, mindfulness favorece un tipo de procesamiento abajo-arriba que difiere de nuestro modo de procesar la información y permite alejarnos de nuestra forma habitual de asimilar la experiencia. Cuando la información procedente de los órganos de los sentidos se abre paso hacia zonas más elevadas del sistema nervioso se ve constreñida y modelada por la actividad nerviosa de extensas redes neuronales que filtran la información de acuerdo a la experiencia vital de cada individuo (Simón, 2007). El procesamiento arriba-abajo clasifica la información entrante haciéndola encajar en viejos patrones de aprendizaje, lo cual tiene un valor decisivo para la supervivencia, pero inevitablemente supone una pérdida de información novedosa que es la que no encaja fácilmente con las categorías antes establecidas (Engel, Fries & Singer, 2001).

Pues bien, cuando este tipo de atención se dirige hacia la gestión de emociones, o se lleva a cabo sobre situaciones emocionales, es posible que el individuo tome conciencia de muchas claves emocionales que habían pasado desapercibidas a su conciencia ordinaria. Precisamente porque eran claves inaccesibles a nuestra forma de percibir la realidad. Acceder a la realidad emocional a través de un estado de conciencia plena nos llevaría directamente a acceder a una información emocional más rica, más detallada, y a comprender muchas de nuestras reacciones cotidianas que en numerosas ocasiones nos hacen sentir que nuestro comportamiento es ajeno a nuestro control personal. Lo que, en último término, llevo a Descartes a pensar que había que atar en corto a las emociones. Así, a pesar de Pascal y su frase «El corazón tiene motivos que la razón desconoce», podríamos decir que: «el corazón tiene motivos que la atención ordinaria desconoce» pero esto no ocurre cuando la atención es plena.

Mecanismos terapéuticos de la inteligencia emocional plena

Lo enunciaba Albert Einstein en el siglo pasado: «Los problemas no se resuelven al mismo nivel conceptual en que se han generado». Se percibe la necesidad de un cambio de paradigma conceptual, un cambio cualitativo. Ya no se trata de buscar la "buena solución" a los problemas planteados, sino de reconsiderar nuestra manera de plantear los problemas. Percibimos la emoción y razón como entidades independientes, y en muchos casos contrarias, debido a la manera en que nos relacionamos con la experiencia desde nuestra parte racional; así difícilmente podríamos comprender las interconexiones entre emoción y razón. Para comprender estas relaciones tendríamos que abordar la experiencia a un nivel distinto de aquel en el que el problema se generó. Esto implicaría abordarla desde una atención emocional plena o una atención a nuestras emociones aquí y ahora con una actitud de apertura, curiosidad, aceptación y dejando de lado nuestra valoración o juicio. Valoración que, en último término, nos mantiene anclados a una forma de percibir la realidad que no resulta amenazante para la imagen que tenemos de nosotros mismos. A pesar de que esta imagen no siempre nos sea favorable. Pues nada hay más amenazante que el proceso de cambio personal o, lo que es lo mismo, entrar a formar parte de un mundo repleto de novedades y donde nuestra capacidad predictiva pierde su fuerza.

El entrenamiento en IE basado en la conciencia plena (MBEIT) propuesto por Ciarrochi y Blackledge (1995) subrayaba la posibilidad que nos brinda la atención plena de abrirnos a la experiencia emocional aceptando cierto grado de malestar. Lo que normalmente no nos permite nuestra atención ordinaria, al mostrar resistencia por medio de la evitación de sensaciones desagradables y la intrusión o fijación en ciertas formas de pensamiento recurrente. El objetivo, mantener una imagen personal estable, en muchas ocasiones no nos permite entender a través de qué tipos de pensamientos emocionales estamos observando la realidad.

De hecho, cuando observamos el *modus operandi* de algunas técnicas psicológicas que son utilizadas en psicoterapia y resultan efectivas para ayudar al individuo a comprender sus reacciones emocionales y poder llevar a cabo cambios positivos en su vida, descubrimos cómo el papel del terapeuta, como observador participante que se aproxima a la experiencia del paciente con una actitud empática y de aceptación incondicional, resulta un elemento decisivo del proceso terapéutico. Este modo de aproximarse a la experiencia del paciente es muy similar al modo sugerido desde la conciencia plena, pero en este caso la atención del individuo recae sobre sí mismo y quizás por ello el entrenamiento personal requiere de una gran disciplina.

Así, por ejemplo, en un contexto terapéutico el paciente podría describir la emoción que cree sentir mientras que todo su cuerpo refleja el estado emocional contrario (nos dice que no está enfadado mientras frunce el ceño, golpea la mesa y eleva el tono de voz); el terapeuta al observar este comportamiento hace uso de estrategias, como la inmediatez, comunicando al cliente lo que está observando y siempre con una actitud no valorativa y de aceptación incondicional. Así de alguna forma lleva la atención plena hacia donde antes solo había atención ordinaria. En este caso, el terapeuta actúa como un observador participante que comparte la reacción observada en su paciente.

El entrenamiento en la INEP nos lleva a ser observadores de una realidad (nuestra experiencia emocional) en la que normalmente participamos y con la que además estamos identificados, por lo que nos resulta muy complicado ser observadores neutros de ella. Sería algo parecido a la diferencia que existe entre jugar al tenis y observar un partido en el que has jugado; cuando lo observas puedes apreciar determinados fallos o aciertos del juego que pasaron desapercibidos porque la atención estaba involucrada en el juego.

Precisamente, lo que nos hace involucrarnos en nuestra experiencia y nos impide observarla con cierta perspectiva es la propia emoción; cuanto más intensa es la emoción sentida más nos identificamos con la experiencia vivida. Esto explica por qué a veces nos vemos impulsados a actuar de manera aparentemente irracional dejando de lado todas nuestras creencias sobre cómo hubiéramos abordado dicha situación de haber tenido el control sobre ella. En estos casos, la emoción experimentada eleva su intensidad, nos identificamos con ella y actuamos según sus dictados.

En algunas pruebas de evaluación de la IE, como el MSCEIT (Mayer, Salovey y Caruso, 2002), se pregunta al individuo cómo se comportaría en una situación emocional, debiendo elegir entre varias opciones de respuesta y seleccionando aquella que considere más apropiada dada la situación descrita. El problema de este tipo de pruebas de evaluación es precisamente que no parecen tener en cuenta el estado emocional en el caso de que el individuo tuviera que enfrentarse realmente a la situación emocional en cuestión. Por tanto, olvidan que la respuesta que dé el sujeto a cada ítem solo será de tipo intelectual, porque el cómo las resuelva en realidad dependerá del estado emocional experimentado en dicha situación y de la intensidad de la emoción sentida.

Creemos que la manera en que el individuo abordará este tipo de situaciones en su vida real estará directamente relacionada con su capacidad de mantener cierta perspectiva sobre la situación. Por ello sostenemos que un entrenamiento mantenido en atención plena nos permitiría observar nuestra experiencia emocional con cierta perspectiva y nos ayudaría a afrontar este tipo de situaciones en la vida cotidiana, y a afrontarlas desde la aceptación y la no valoración.

Creemos que de la misma forma que nuestras creencias o nuestras formas de pensar sobre la realidad están apoyadas en estados emocionales, muchas de nuestras respuestas emocionales aparentemente automáticas también tienen una lógica racional que las ampara, aunque dicha lógica se encuentra fuera de nuestro foco atencional. Los motivos para ello podrían ser diversos y estarían bien explicados siguiendo las leyes básicas de aprendizaje.

a) La conexión entre emociones y creencias se formó en un momento de nuestro aprendizaje porque fue reforzada dicha conexión (condicionamiento operante).

Así, determinadas creencias emocionales que pueden estar fijando nuestra vida de forma inconsciente o aparentemente con poca lógica, cuando se gestaron en nosotros respondían a una realidad comprensible y lógica. Por ejemplo, algo tan irracional como podría ser sentirnos culpables si no hacemos lo que otras personas nos piden, podría tener mucho sentido si comprendemos la forma en que se gestó dicha creencia en nosotros. Una situación en la que, por ejemplo, pusimos nuestras necesidades por encima de las de otros y, como consecuencia, sentimos un fuerte malestar por el daño ocasionado, haciendo que a partir de ese momento optáramos por anteponer las necesidades de otros a las propias, y hacerlo desde la emoción de culpabilidad con todas las consecuencias negativas que esto puede conllevar.

La principal aportación de Leslie Greenberg en este sentido fue distinguir entre emociones primarias (las primeras que experimentamos ante un estímulo: adaptativas y desadaptativas), emociones secundarias y emociones instrumentales. Desde su modelo podemos diferenciar entre emociones, comprender algo más sobre su función, así como si estas resultan saludables para el individuo que las experimenta.

Respecto a la emoción primaria adaptativa se podría decir que estas son básicas. Son respuestas fundamentales y viscerales. Llegan y se van con rapidez. Son saludables y muy valiosas. Llegar a ellas es esencial para nuestra salud. Ejemplo: noto la lejanía de un ser querido y siento tristeza, o me ascienden en el trabajo y siento alegría.

La emoción primaria desadaptativa sigue siendo básica y primaria, pero en este caso no es saludable. Se suele basar en un aprendizaje previo. Puede llegar a perdurar mucho en el tiempo (aun sin existir la causa que la produjo). Ejemplo: una tristeza profunda arrastrada durante mucho tiempo.

Más interesante resulta lo que denomina emoción secundaria. Son aquellas emociones que surgen a consecuencia de otra emoción (suele ocurrir cuando las centrales se ocultan, no se perciben o no son aceptadas). Ocultan lo que estás sintiendo. Aquellas que a menudo resultan problemáticas y puede que deseemos eliminarlas. Ejemplo: un hombre educado en la premisa "los niños no lloran" nota que su pareja se aleja (lo adaptativo es sentir tristeza ante esa pérdida), no se permite estar triste y, a consecuencia de ello, le produce enfado y se cabrea (emoción secundaria).

Finalmente, por emoción instrumental se refiere a aquellas expresadas consciente y automáticamente para conseguir una meta. Aprendemos a utilizarlas por los beneficios que pueden llegar a aportar (son emociones que sirven para manipular). No solemos ser conscientes de haberlas aprendido. No suelen ser saludables. Si se usan con frecuencia, pueden provocar que las personas se alejen de ti. Ejemplo: lloro infantil para conseguir nuestras metas.

Desde esta perspectiva sería esencial reconocer el tipo de emoción que estamos sintiendo, así como seguir solamente los sentimientos centrales y adaptativos que son los saludables.

Según este modelo, existe una emoción primaria que surge como reacción a un estímulo emocional, y una emoción secundaria que viene a ser la respuesta a esa emoción primaria. En algunas ocasiones, estas emociones primarias no pueden ser debidamente integradas por diversas razones. Puede que estas nos avergonzaran u otras personas nos sancionaran por sentir de esa manera o, sencillamente, eran demasiado intensas para el momento en que fueron experimentadas (el individuo no contaba con la madurez suficiente para integrarlas adecuadamente). Como resultado, estas emociones quedaron vinculadas a una emoción secundaria y se perdieron de nuestro registro consciente. De manera que las situaciones que supuestamente debían activar esa emoción primaria a partir de ese momento activaban una emoción secundaria y el individuo actuaba según los dictados de esta y no de aquella.

Ahora cabe preguntarse lo que ocurriría si contemplamos estas emociones secundarias bajo el prisma de la atención plena. Cuando dirigimos nuestra atención a la emoción secundaria, al ser contemplada desde la curiosidad, aceptación y no valoración puede mostrarnos su enlace con la emoción primaria e incluso con aquella situación en la que fue generada.

Esto nos da una nueva oportunidad de integrar adecuadamente la emoción primaria que en su día fue desplazada y, por tanto, nos libera de una emoción secundaria que nos ha llevado en muchas ocasiones a actuar de manera poco inteligente.

Como bien reconoce la terapia de aceptación y compromiso, luchar sin más con los eventos privados resulta poco adaptativo y, en muchas ocasiones, provoca el efecto inverso al deseado. La aceptación de estos eventos es el único camino posible para lidiar con ellos. Pero a diferencia de este modelo, la inteligencia emocional plena defiende que una atención plena permitirá comprender nuevas asociaciones que escapaban a nuestro intelecto; y a partir de este momento, muchos de los eventos privados que resultaban tan molestos y persistentes tenderán a diluirse de manera natural.

Así, siguiendo el ejemplo antes mencionado, una persona que ante la expresión de necesidades por parte de otros individuos se ve impulsada a satisfacer necesidades ajenas, incluso cuando estas vayan en contra de sus propios valores, obtendría pocos beneficios al tratar de suprimir la emoción de culpa, aunque se acogiera a lo irracional de dicho sentimiento. Pero si aborda este sentimiento desde la aceptación radical y la ausencia de juicio, puede descubrir nuevas asociaciones que le ayuden a ganar claridad sobre su experiencia, y en último término le lleven a diluir la emoción sentida. La culpa en este caso había sido anclada en el sujeto para protegerlo de una situación que él mismo vivió como muy displacentera (experimentar un fuerte malestar al anteponer sus propias necesidades a necesidades ajenas). Pero al ganar claridad sobre la gestación de esta emoción secundaria y el desplazamiento de la emoción primaria, está ya en disposición de integrar esa primera emoción y, por tanto, deja de tener valor la emoción secundaria; ya no es necesario desviar la atención del sujeto hacia una emoción poco adaptativa que le lleva a errar en su comportamiento.

Desde la terapia de aceptación y compromiso se anima a los individuos a responder según sus propios valores personales más que a tratar de reducir los eventos privados molestos. La idea central es que no se produzca la abducción de la persona por sus propios eventos privados al comportarse literalmente según los contenidos cognitivos.

Siguiendo con el ejemplo anterior, nuestro individuo en cuestión debía evitar responder a las necesidades de otro por encima de las propias si esto derivaba en consecuencias negativas para su persona, sobre todo si un valor fundamental en su vida era cuidar de sí mismo. Pero, para hacer esto, el individuo debería poder actuar al margen de sus dictados emocionales incluso cuando estos fueran de una intensidad extrema; por suerte o por desgracia no estamos diseñados biológicamente para actuar al margen de emociones intensas que vienen a advertirnos de la inminencia de un peligro real o imaginario. De nuevo queremos imponer a nuestra mente emocional la lógica de nuestra mente racional aun cuando sabemos que esta acción tiene bastantes visos de fracasar.

Desde nuestra propuesta de una inteligencia emocional plena y, por tanto, nuestra creencia en una armonización real de ambas mentes, creemos que la verdadera inteligencia no pasa por oponerse a los dictados emocionales, sino más bien por comprender el *modus operandi* de estos y, por tanto, construir nuevas conexiones funcionales que den como resultado respuestas más adaptativas en el individuo. No creemos en ningún caso que el "buen vivir" implique una lucha encarnizada con aquello que somos en esencia.

b) Un pensamiento emocional ha quedado vinculado a determinadas claves contextuales, y después de un tiempo el individuo responde a dichas claves como si se tratara de la misma realidad a la que quedó asociada (condicionamiento clásico).

Así por ejemplo, un niño que ha sufrido falta de atención y afecto en su infancia puede asociar determinadas situaciones, como el silencio a un pensamiento cargado emocionalmente, a la creencia de que no lo estiman o que resulta molesto.

El cambio cognitivo que apreciamos con mindfulness podría no responder solo a comprobar que el pensamiento no es una prueba de realidad, sino más bien a descubrir en qué momento se gestó un pensamiento emocional que sí respondía a la experiencia pasada del individuo, pero que, al no ser debidamente integrado, ha quedado anclado en el individuo, y cada vez que la realidad evoca una sensación similar es activado.

Se podría decir que la atención emocional plena actúa en dos momentos diferentes, llevando al individuo a un estado de claridad y comprensión emocional que le permite dar respuestas menos automáticas y más adaptativas:

a) Un primer momento en que identifica la emoción secundaria o emoción desadaptada, o bien las claves contextuales que normalmente evocan al individuo determinados estados emocionales. Gracias a los componentes de la atención emocional plena (actuar con conciencia, observar y describir) podemos conectar con dicho pensamiento emocional. El componente "no reaccionar" nos permite evitar responder según sus dictados. Como sabemos, no responder según lo esperado lleva directamente a la extinción de dicha emoción, por un mecanismo operante.

b) Pero al mismo tiempo, y a través de la "ausencia de juicio", es posible conectar la emoción secundaria con la emoción primaria a la que fue vinculada, o bien conectar determinada clave contextual con el pensamiento emocional al que fue vinculado. Para ello resulta decisivo el componente de mindfulness "no juzgar" que permite que surja sin censura la emoción primaria o central, o ganar claridad sobre la forma en que hemos conectado determinadas claves contextuales a determinados pensamientos emocionales.

Así, estos pensamientos no son tan fortuitos o ajenos a la experiencia del sujeto; quizás sí son ajenos a la realidad tal y como se presenta en el aquí y el ahora, pero en su día estos pensamientos no se gestaron de forma caprichosa y mindfulness nos permitiría llegar al momento en el cual estos pensamientos emocionales quedan anclados en el sujeto y, a partir de ahí, cómo esos pensamientos se van reproduciendo automáticamente y van condicionando las decisiones del individuo.

Paradójicamente podríamos subrayar que la atención emocional ordinaria es una manera contaminada de atender a la

realidad emocional y que cuando esta es despojada de condicionamientos y prejuicios estamos más cerca de una atención
emocional plena o no contaminada.

Hasta la fecha, y pese a la evidencia de que penetrar en
nuestra mente racional *versus* emocional requeriría vías de
acceso diferentes seguimos tratando de resolver los conflictos emocionales desde nuestro particular director de orques-
ta o, lo que es igual, desde nuestra mente racional. Tanto las
terapias cognitivas como la reciente terapia de aceptación y
compromiso llegan a un punto en el cual dan supremacía a la
mente racional y analítica frente a la emocional y le solicitan
que siga por un camino determinado, bien sobre el supuesto
de seguir patrones más racionales de pensamientos, o bien
sobre el supuesto de seguir una escala de valores previamente
establecida por el sujeto. El mensaje es siempre el mismo: a
pesar del sufrimiento expresado emocionalmente tendrás que
hacer lo que la mente racional te dicte y de la forma en que te
lo dicta. Quizás ha llegado el momento de dar un espacio real
a nuestra mente emocional, dejarla de contemplar como si se
tratara de un niño que no sabe qué es lo que le conviene y con-
templarla con ojos nuevos y reconociendo su propia sabiduría.

7. Referencias bibliográficas

Abbe, A., Tkach, C. y Lyubomirsky, S. (2003). The Art of Living by Dispositionally Happy People. *Journal of Happiness Studies, 4,* 385-404.

Abramowitz, J. S. (1997). Effectiveness of psychological and pharmacological supression: A meta-analysis of controlled studies. *Clinical Psychology Review, 21,* 683-703.

Aguado, A. L. (2005). *Emoción, afecto y motivación. Psicología y Educación.* Madrid: Alianza Editorial. S.A.

Allen, N. B., Chambers, R., Knight, W., Blashki, G., Ciechomski, L., Hassed, C., Gullone, E., McNab, C., Meadows, G. (2006). Mindfulness-based psychotherapies: a review of conceptual foundations, empirical evidence and practical considerations. Australian and New Zealand. *Journal of Psychiatry, 40,* 285-294.

Andrés, M. L. (2009). Presentación de un modelo estructural para explicar la naturaleza de las relaciones entre regulación emocional, personalidad y bienestar psicológico. *Anuario de Proyectos e Informes de Investigación de Becarios de Investigación, 6,* 181-189.

Antony, M., & Barlow, D. H. (2002). Specific phobias. En D. H. Barlow (ed.), Anxiety *and its disorders: The nature and treatment of anxiety and panic* (2nd ed., págs. 380-417). Nueva York: Guilford.

Arco, J. L., López, S., Heilborn, V. A. y Fernández, F. D. (2005). Terapia breve en estudiantes universitarios con problemas de rendimiento académico y ansiedad: Eficacia del modelo "La Cartuja". *International Journal of Clinical and Health, 5*(3), 589-680.

Argyle, M. (1999). Causes and correlates of happiness. En D. Kahneman,

E. Diener, y N. Schwarz (eds.). *Well-being: The foundations of hedonic psychology* (págs. 353-373). Nueva York: Russell Sage Foundation.

Arrington, E., Melvin, N., y Wilson, D. (2000). A Re-Examination of Risk and Resilience During Adolescence: Incorporating Culture and Diversity. *Journal of Child and Family, 9*(2), 221-230.

Ashknasy, N. M., y Dasborough, M. T. (2003). Emotional awareness and emotional intelligence in leader ship teaching. *Journal of Education for Business, 79,* 18-22.

Bach, P. B., & Hayes, S. C. (2002). The use of acceptance and commitment therapy to present the rehospitalization of psychotic patients: A randomized controlled trial. *Journal of Consulting and Clinical Psychology, 70,* 1129-1139.

Baer, R. A., Hopkins, J., Krietemeyer, J., Smith, G. T., & Toney, L. (2006). Using Self-Report Assessment Methods to Explore Facets of Mindfulness. Assessment, 13(1), 27-45.

Baer, R. (2003). Mindfulness Training as a Clinical Intervention: A Conceptual and Empirical. *Clinical Psichology: Sciencie and Practice, 10,* 2, 125-143.

Baer, R., Smith, G., & Allen, K. (2004). Assessment of mindfulness by self-report: The Kentucky Inventory of Mindfulness Skills. *Assessment, 11,* 191-206

Baer, R., Hopkins, J., Gregory, T., Krietemeyer, J., Smith, y Toney, L. (2006).Using Self-Report Assessment Methods to Explore Facets of Mindfulness. *Assessment, 13,* 1, 27-45

Bandura, A. (1986). *Social foundations of thought and action: A social cognitive theory.* Englewood Cliffs, NJ: Prentice Hall [Trad. cast.: *Pensamiento y acción. Fundamentos sociales.* Barcelona: Martínez Roca, 1987].

— (1995). *Self efficacy in changing societies.* Nueva York: Cambridge University Press.

— (1997). *Social learning theory.* Englewood Cliffs, NJ: Prentice Hall.

— (1999). Moral Disengagement in the Perpetration of Inhumanities. *Personality and Social Psychology Review, 3,* 193-209.

— (2001). *Guía para la construcción de escalas de autoeficacia.* EE.UU.: Universidad de Standford.

Barchard, K. (2003). Does emotional intelligence assist in the prediction of academic success? *Educational and Psychological Measurement, 63*(5), 840-858.

— y Hakstian, A. R. (2004). The nature and measurement of emotional intelligence abilities: Basic dimensions and their relationships with other cognitive ability and personality variables. *Educational and Psychological Measurement, 64,* 437-462.

Barling, J., Slater, F., y Kelloway, E. K. (2000). Transformational leadership and emotional intelligence. *Leadership and Organization Development Journal, 21,* 157-162

Barragán, B. R., Lewis, H. S., y Palacios, S. J. (2007). Autopercepción de cambios en los déficits atencionales intermedios de estudiantes universitarios de Barranquilla, sometidos al método de autocontrol de la atención (Mindfulness). *Salud Uninorte, 23(2), 184-192.*

Barraca, M. J. y Fernández, G. (2006). La inteligencia emocional como predictora de la adaptación psicosocial en el ámbito educativo. Resultados de una investigación empírica con estudiantes de la comunidad de Madrid. *Ansiedad y Estrés, 12*(2-3), 427-438.

Bar-On, R. (1997). *The Emotional Quotient Inventory (EQ - i): Technical manual* Toronto: Multi-Health Systems.

— (2000). *Emotional and social intelligence: Insights from the Emotional Quotient Inventory (EQ-i).* En R. Bar-On y J.D.A. Parker (eds.). *The handbook of emotional intelligence: Theory, development, assessment, and application at home, school, and in the workplace.* (págs. 363-387). San Francisco, CA: Jossey-Bass Inc.

— (1983): *The development of an operational concept of psychological well-being.* Unpublished doctoral dissertation. Rhodes University, Sudáfrica.

—, Brown, J. M., Kirkcaldy, B. D, y Thomé, E. P. (2000). Emotional expression and implications for occupational stress; an application of the Emotional Quotient Inventory (EQ-i). *Personality and Individual Differences, 28,* 1107-1118.

Bartelt, D. (1994). On resilience: Questions of validity. En M. C. Wang & E. W. Gordon (eds.). *Educational resilience in inner-city America: Challenges and prospects* (págs. 97-108). Hillsdale, NJ: Lawrence Erlbaum Associates.

Bastian, V. A., Burns, N. R. & Nettelbeck, T. (2005). Emotional intelligence predicts life skills, but not as well as personality and cognitive abilities. *Personality and Individual Differences, 39,* 1135-1145.

Bechara, A., Tranel, D., y Damasio, A. R. (2000). Poor judgment in spite of high intellect: Neurological evidence for Emotional Intelligence. En R. Bar-On y J. D. A. Parker (eds.), *The handbook of emotional Intelligence* (págs. 192-215. San Francisco, CA: Jossey- Bass.

Beck, A. T., Rush, A. J., Shaw, B. F., & Emery, G. (1979). *Cognitive therapy of depression.* Nueva York: Guildford.

— Rush, A. J., Shaw, B. F., & Emery, G. (1979). *Cognitive Therapy of Depression.* Nueva York: Guilford Press (Trad. esp. en Bilbao: Desclée de Brower, 1983).

Benson, H. (1975) *The relaxation response.* Nueva York: Morrow.

Bishop, S. R., Lau, M., Shapiro, S., Carlson, L., Anderson, N. D., Carmody, J., Segal, Z. V., Abbey, S., Speca, M., Velting, D., & Devins, G. (2004). Mindfulness: a proposed operational definition. *Clinical Psychology: Science and Practice, 11* (3), 230-241.

Bisquerra, R. (2000): *Educación emocional y bienestar.* Barcelona: Praxis.

— (2003). Educación emocional y competencias básicas para la vida. *Revista de Investigación Educativa (RIE), 21,* 1, 7-43.

— y Pérez Escoda, N. (2007): «Las competencias emocionales». *Educación XXI, 10,* 61-82.

— (2009). *Psicopedagogía de las emociones.* Síntesis: España.

Botella, L., y Pérez, M. A. (2007). Conciencia plena (Mindfulness) y psicoterapia: concepto, evaluación y aplicaciones clínicas. *Revista de Psicoterapia, 17,* 77-120.

Bowman, D. (2009). *Personality: Theory and Assessment.*

Bishop, S. R., Lau, M., Shapiro, S., Carlson, L., Anderson, N. D., Carmody, J., Segal, V. Z., Abbey, S., Speca, M., Velting, D., Devins, G. (2004). Mindfulness: A proposed operational definition. Clinical Psychology: *Science and Practice, 11,* 230-241.

Borod, J., Cicero, B., Obler, L. Wekowitz, J. Erhan, H., Santschi, C., Grunwald, I., Agosti, R. y Whalen, J. (1998). Rigth hemisphere emotional perception: Evidence across multiple channels. *Neuropsychology, 12,* 446-458.

Boyatzis, R., Goleman, D. y Rhee, K. (2000). Clustering competence in Emotional Intelligence: Insights from the emotional competence inventory. En R. Bar-On y J. Parker (eds.), *The handbook of emotional intelligence*. San Francisco: Jossey-Bass.

Brackett, M. A. y Geher, G. (2006). Measuring emotional intelligence: Paradigmatic diversity and common ground. En Ciarrochi, J., Forgas, J. y Mayer, J. (eds.). *Emotional intelligence in everyday life* (2.ª edic.) (págs. 27-50). Nueva York, NY: Psychology Press.

— y Mayer, J. D. (2003). Convergent, discriminant, and incremental validity of competing measures of emotional intelligence. *Personality and Social Psychology Bulletin, 29,* 1147-1162.

—, Warner, R. M. y Bosco, J. (2005). Emotional intelligence and relationship quality among couples. *Personal Relation ships, 12,* 197-212.

—, Rivers, S. E., Shiffman, S., Lerner, N. y Salovey, P. (2006). Relating Emotional Abilities to Social Functioning: A Comparison of Self-Report and Performance Measures of Emotional Intelligence. *Journal of Personality and Social Psychology, 91,* 780-795.

— y Salovey, P. (2006). Measuring emotional intelligence with the Mayer-Salovey-Caruso Emotional Intelligence Test (MSCEIT). *Psicothema, 18,* 34-41.

—, Alster, B., Wolfe, C., Katulak, N. & Fale, E. (2007). «Creating an emotionally intelligent school district: A skill-based approach». En R. Bar-On, J. Jacobus, G. Maree & M. Elias (eds.). *Educating people to be emotionally intelligent*. Wesport, CT: Praeager, 123-137.

— & Katulak, N. A. (2006). «Emotional intelligence in the classroom: Skill-based training for teachers and students». En J. Ciarrochi & J. D. Mayer (eds.). *Improving emotional intelligence: A practitioner's guide*. Nueva York: Psychology Press/Taylor & Francis, 1-27.

Bresó, E. y Salanova, M. (2003). «Efectos significativos del uso de las creencias de ineficacia como componente del Burnout académico en estudiantes universitarios». *Fòrum de Recerca. 8.* ISSN: 1139-5486. Facultat de Ciències Humanes i Socials. Universitat Jaume I. http://www.uji.es/bin/publ/edicions/jfi8/psi/32.pdf.

Bresó, E. y Llorens, S. y Martínez, I. (2003). «Bienestar psicológico en estudiantes de la Universitat Jaume I y su relación con las expectativas de éxito académico». *Fòrum de Recerca. 8.* ISSN: 1139-5486. Facultat de Ciències Humanes i Socials. Universitat Jaume I. http://www.uji.es/bin/publ/edicions/jfi8/psi/38.pdf.

Brody, N. y Ehrlichman, H. (2000). *Psicología de la personalidad.* Madrid: Prentice Hall.

Brown, K. W. & Ryan, R. M. (2003). The benefits of being present: Mindfulness and its role in psychological wellbeing. *Journal of Personality and Social Psychology, 84,* 822-848.

—, Ryan R. (2004). Perils and Promise in defining and measuring Mindfulness: Observations from experience. *Clinical Psychology: Science and Practice 11,* 242-248.

—, Ryan, R. M. y Creswell, J. D. (2007). Mindfulness: Theoretical foundations and evidence for its salutary effects. *Psychological Inquiry,* 4, 211-237.

Brown, S. D., Lent, R. D. y Larkin, K. C. (1989). Self-efficacy as a moderator of scholastic aptitude-academic performance relationships. *Journal of Vocational Behavior, 35,* 64-75.

Buchheld, N, Grossman, P., Walach, H. (2002). Measuring Mindfulness in Insight Meditation and Meditation-Based Psychotherapy: The development of the reiburg Mindfulness Inventory (FMI). *Journal for Meditation and meditation search.1,* 11-34.

Cabañero, C., Martínez, R., Cabrero, G. J., Orts, C. I., Reig, F. O. y Tosal, H. (2004). Fiabilidad y validez de la Escala de Satisfacción con la Vida de Diener en una muestra de mujeres embarazadas y puérperas. *Psicothema, 16,* (3), 448-455.

Cabello, R., Fernández-Berrocal, P., Ruiz-Aranda, D. y Extremera, N. (2006). La evaluación de la regulación emocional. *Congreso universitario de psicología y logopedia.*

—, Ruiz-Aranda, Desirée & Fernández-Berrocal, Pablo (2010). Docentes emocionalmente inteligentes. REIFOP, 13 (1). (Enlace web: http://www.aufop.com - Consultado en fecha 14-01-2011.)

Cacioppo, J. T., Larsen, J. T., Smith, N. K. y Berntson, G. G. (2004). The affect system: What lurks below the surface of feelings? En A. S. R. Manstead, N. H. Frijda y A. H. Fischer (eds.). *Feelings and emotions: The Amsterdam conference.* Nueva York: Cambridge University Press.

Cameron, S. J., Horsburgh, M. y Armstrom-Spassem, M. (1994). Determinant and consequences of burnout: A cross-cultural comparison of Canadian and Jordanian nurses. *Health Care for Women International, 15*(5), 413-421..

Cano-Vindel, A. y Fernández-Castro, J. (1999). Procesos cognitivos y emoción. Presentación del monográfico. *Ansiedad y Estrés, 5,* 127-128.

Caprara, G. V., Barbaranelli, C., Borgogni, L. y Perugini, M., (1993). The "Big Five Questionnaire": A new questionnaire to assess the five factor model. *Personality and Individual Differences, 15,* 281-288

Cardaciotto, L. A. (2005). Assessing mindfulness: The development of a bi-dimensional measure of awareness and acceptance. Tesis Doctoral no publicada presentada en la Universidad de Drexel.

Carver, C. S., Scheier, M. F. & Weintraub, J. K. (1989). Assesing coping strategies: a theoretically based. *Journal of personality and social Psychology, 56,* 267-283.

Caspi, A. (1998). Personality development across the life course. En W. Damon, N. Eisenberg, (eds.). *Handbook of Child Psychology.* Nueva York: Wiley.

Castro M. E. y Llanes J. (2006). «El coeficiente de riesgo psicosocial como medida compleja para el monitoreo y seguimiento de la vulnerabilidad psicosocial en poblaciones estudiantiles». *Liberaddictus, 91, Cuadernos de Prevención,* págs. LXXXIX-CXII.

Castro, S. A., y Sánchez, L. P. (2000). Objetivos de Vida y Satisfacción Autopercibida en Estudiantes Universitarios. *Psicothema, 12*(1), 87-92.

Catanzaro, S. J. (2000). Mood regulation and suicidal behavior. En T. Joiner y M. D. Rudd (eds.), *Suicide science: expanding the boundaries.* Norwell M. A: Kluwer Academic. págs. 81-103.

Cebolla, A. y Miró, M. T. (2007). Eficacia de la terapia cognitiva basada en la atención plena en el tratamiento de la depresión. *Revista de psicoterapia, 66/67,* 133-154.

Ciarrochi, J., Deane, F. y Anderson, S. (2002). Emotional intelligence moderates the relationship between stress and mental health. *Personality and Individual Differences, 32,* 197-209.

—, Chan, A. y Caputi, P. (2000). A critical evaluation of the emotional intelligence construct. *Personality and Individual Differences, 28,* 539-561.

—, Deane, F. & Anderson, S. (2002). Emotional intelligence moderates the relationship between stress and mental health. *Personality and Individual Differences*, 32, 197-209.

— y Blackledge, J. T. (1995). Mindfulness-Based Emotional Intelligence Training: A New Approach to Reducing Human Suffering and Promoting Effectiveness Cicchetti, D., Ackerman, B. P., & Izard, C. E. Emotions and emotion regulation in developmental psychopathology. *Development and Psychopathology, 7*, 1-10.

—, Chan, A. y Bajgar, J. (2001). Measuring emotional intelligence in adolescents. *Personality and Individual Differences, 31*(7), 1105-1119.

Cohen, J. (ed.) (1999). *Educating Minds and Hearts. Social Emotional Learning and the Passage into Adolescence*. Nueva York: Teachers College, Columbia University.

Consortium on the School-Based Promotion of Social Competence. (1994). The school-based promotion of social competence: Theory, research, practice, and policy. En R. J. Haggerty, L. R. Sherrod, N. Garmezy, & M. Rutter (eds.). *Stress, risk, and resilience in children and adolescents: Processes, mechanisms, and interventions* (págs. 268-316). Nueva York: Cambridge University Press.

Cooper, R. K. & Sawaf, A. (1997). *Executive EQ: Emotional Intelligence in Leadership and organization.* Nueva York: Grosset Putnam.

Coté, S., Lopes, P. N., Salovey, P. y Beers, M. (2005). Emotional regulation ability and the quality of social interaction. *Emotion, 5*(1), 113-118.

Cokley, K. y Moore, P. (2007). American College Students Disengagement on the Academic Achievement of African Moderating and Mediating Effects of Gender and Psychologica. *Journal of Black Psychology, 33*, 169-179.

Cu Balan, G. (2003). *La trayectoria escolar previa y rendimiento escolar de los estudiantes de la UAC* en: http://www.ilustrados.com/publicaciones.

Culver, R. y Yokomoto, C. (1999). Optimum Academic Performance and its Relation to Emotional Intelligence. *En 29th ASEE/IEEE Frontiers in Education Conference*, San Juan, Puerto Rico.

Cutrona, C. E. y Troutman, B. R. (1986). Social support, infant temperament, and parenting self-efficacy: A mediational model of postpartum depression. *Child Development, 57*, 1507-1518.

Chadwick, P., Hember, M., Mead, S., Lilley, B. & Dagnan, D. (2005). *Responding mindfully to unpleasant thoughts and images: Reliability and validity of the Mindfulness Questionnaire*. No publicado.

Chambers, R., Gullone, E., y Allen, N. (2009). Mindful emotion regulation: An integrative review. *Clinical Psychology Review 29*, 560-572.

Charbonneau, D. y Nicol, A. M. (2002). Emotional intelligence and prosocial behaviours in adolescents. *Psychological Reports, 90*, 361-370.

Chain, R. R., Cruz Ramírez, N., Martínez, M. M. y Ávila, N. (2003). Examen de selección y probabilidad de éxito escolar en estudios superiores. *Revista electrónica de investigación educativa, 5*, 99-116.

Cherniss, C. y Adler, M. (2000). Promoting emotional intelligence in organizations. Alexandria, AV: *American Society for training and development, 35*, 67-90.

Chico, E. (1999). Evaluación psicométrica de una escala de inteligencia emocional. *Boletín de psicología, 62*, 65-78.

Consejo Editorial (2007). Formando profesores, hacia una culminación ética de la educacion emocional. *Revista Interuniversitaria de Formación del Profesorado, (19)* 3.

Csikszentmihalyi, M. (1990). *Fluir (Flow)*. Barcelona: Ed. Kairós.

Damasio, A. R. (1994). *Descartes Error: Emotion, Reason and the human brain*. Nueva York: Avon Books.

— (1999). *The feeling of what happens*. Nueva York: Harcourt, Brace.

Darwin, C. (1872). *The expression of emotions in man and animals*. Londres: Murray.

Davidson, R. J. (2003). Affective neuroscience and psychophysiology: Toward a synthesis. *Psychophysiology, 40*, 655-665.

Davies, M., Stankov, L. y Roberts, R. D. (1998). Emotional intelligence. In search of an elusive construct. *Journal of Personality and Social Psychology, 75*, 989-1015.

— (1980). A multidimensional approach to individual differences in empathy. *Catalog of Selected Documents in Psychology, 10*(85), 1-17.

— (1983). Measuring individual differences in empathy: Evidence for a multidimensional approach. *Journal of Personality and Social Psychology, 43*, 49-59.

Dawda, D. y Hart, S. (2000). Assessing emotional intelligence: reliability and validity of the Bar-On Emotional Quotient Inventory (EQ-I) in university students. *Personality and Individual Differences, 4,* 797-812.

Deci, E. L. & Ryan, R. M. (1980). Self-determination theory: When mind mediates behavior. *The Journal of Mind and Behavior, 1,* 33-43.

De Gelder, B. (2005). Nonconscious emotions. New findings and perspectives on nonconscious facial expression recognition and its voice and whole-body contexts. En L. F. Barret, P. M. Niedenthal y P. Winkielman. (eds.). *Emotion y Consciousness.* Nueva York-London: The Guilford Press, págs. 123-249.

De la Fuente, M., Franco, C. y Salvador, M. (2010). Efectos de un programa de meditación (mindfulness) en la medida de alexitimia y las habilidades sociales. *Psicothema, 22*(3), 369-375.

Díaz Morales, J. F. y Sánchez-López, M. P. (2001). Relevancia de los estilos de personalidad y las metas personales en la predicción de la satisfacción vital. *Anales de Psicología, 17*(2), 151-158.

Diener, E., Emmons, R., Larsen, A., & Griffin, R. (1985). The satisfacción with life scale. *Journal of Personality Assessment, 49*(1), 71-75.

Diener, E. y Fujita, F. (1995). Resources, personal strivings, and subjective well-being: A nomothetic and idiographic approach. *Journal of Personality and Social Psychology, 68,* 926-935.

— y Lucas, R. E. (1999). Personality and subjective wellbeing. En Diener *et al. Wellbeing: The foundations of hedonic psychology* (págs. 213-229). Nueva York, NY, USA: Russell Sage Foundation. XII, págs. 593.

Dimidjian, S. & Linehan, M. (2003). Defining an agenda for future research on the clinical aplication of Mindfulness practice. *American psychological association, D12,* 166-171.

Dornbusch, S. M., Mont-Reynaud, R., Ritter, P. L., Chen, Z., & Steinberg, L. (1991). Adolescent stress: Causes and consequences. En M. E. Colten & Gore, S. (eds.) *Social institutions and social change* (págs. 111-130). Nueva York: Aldine de Gruyter.

Drago, J. M. (2005). The relationship between emotional intelligence and academic achievement in nontraditional college students. Dissertation Abstracts International: Section B: *The Sciences and Engineering, 65*(9-B), 4811-4823.

Dryfoos, J. G. (1997). The prevalence of problem behaviors: Implications for programs. En R. P. Weissberg, T. P. Gullota, R. L., Hampton, B. A. Ryan, & G. R. Adams. (eds.). *Hearthy childen 2010: Enchancing children's wellnes* (págs. 17-46). Thousand Oaks, CA: Sage Publications.

Duarte Godoy, M. y Galaz Fontes, J. (2006). Predictores del Desempeño Académico en el primer año de Universidad en Estudiantes de una Universidad Pública Estatal. Trabajo preparado para el *"6º Congreso Internacional Retos y Expectativas de la Universidad: El Papel de la Universidad en la Transformación de la Sociedad."*. Puebla, México.

Dulewicz, V., Higgs, M. & Slaski, M. (2003). Measuring emotional intelligence: content, construct and criterion-related validity. *Journal of Managerial Psychology, 18*(5), 405-420.

Durán, A., Extremera, N., Montalban, F. y Rey, L. (2005). Engagement y Burnout en el ámbito docente: análisis de sus relaciones con la satisfacción laboral y vital en una muestra de profesores. *Revista de Psicología del Trabajo y de las Organizaciones, 21*(1-2), 127-158.

Easterbrook, J. A. (1959). The effect of emotion on cue utilization and the organization of behavior. *Psychological review, 66*, 183-201.

Edelman, G. M. y Tononi, G. (2002). *El Universo de la Conciencia*. Barcelona: Editorial Critica.

Eisenberg, N., Fabes, R. A., Guthrie, I. K. & Reiser, M. (2000). Dispositional emotionality and regulation: their role in predicting quality of social functioning. *Journal of Personality and Social Psychology, 78*, 136-157.

—, Shell, R., Pasternack, J., Lennon, R., Beller, R. y Mathy, R. M. (1987). Prosocial Development in Middle Childhood: A Longitudinal Study. *Developmental Psychology, 23*(5), 712-718.

Elias, M. J., Tobias, S. E. y Friedlander, B. S. (2001): *Educar adolescentes con inteligencia emocional*. Barcelona: Plaza Janés.

Engelberg, E. y Sjoberj, L. (2004). Emotional Intelligence, affect intensity, and social adjustment. *Personality and Individual Differences, 37*(3), 533-542.

Engels, A. K., Fries, P. & Singer, W. (2001). Dynamic prediction: Oscilalations and synchrony in top down processing. Nature reviews. *Neuroscience,*

Enríquez, H. (2010). La Inteligencia Emocional Plena: Hacia un programa de Regulación Emocional basado en la Conciencia Plena. Tesis doctoral no publicada. Universidad de Málaga, España.

Epstein, S. (1998). *Constructive thinking: The key to emotional intelligence*. Westport: Praeger Publishers.

Evans, S., Ferrando, S., Findler, M., Stowell, C., Smart, C. & Haglin, D. (2008). Mindfulness-based cognitive therapy for generalized anxiety disorder. *Journal of Anxiety Disorders, 22*, 716-721.

Extremera, N. y Fernández-Berrocal, P. (2006). Emotional Intelligence as Predictor of Mental, Social and Physical Health in University Students. *The Spanish Journal of Psychology, 9*(1), 45-51.

—, Durán, A., & Rey, L. (2007). Perceived emotional intelligence and dispositional optimism-pessimism: Analyzing their role in predicting psychological adjustment among adolescents. *Personality and Individual Differences, 42*, 1069-1079.

— y Fernández-Berrocal, P. (2005). Inteligencia emocional percibida y diferencias individuales en el meta-conocimiento de los estados emocionales: una revisión con los estudios con el TMMS. *Ansiedad y Estrés, 11*(2-3), 101-102.

—, Fernández-Berrocal, P., Ruiz-Aranda, D. y Cabello, R. (2006). Inteligencia Emocional, Estilos de Respuesta y Depresión. *Ansiedad y Estrés, 12*, 191-205.

— y Fernández- Berrocal, P. (2001). El modelo de inteligencia emocional de Mayer y Salovey: Implicaciones educativas para padres y profesores. *En las III Jornadas de Innovación Pedagógica: Inteligencia Emocional. Una brújula para el siglo xxi* (132-145).

— (2003). *El modelo de inteligencia emocional de Mayer y Salovey y su validez predictiva en muestras españolas*. Tesis doctoral no publicada. Universidad de Málaga, España.

— y Fernández-Berrocal, P. (2003). La inteligencia emocional: Métodos de Evaluación en el Aula. *Revista Iberoamericana de Educación*.

— y Fernández-Berrocal, P. (2004a). Inteligencia Emocional, calidad de las relaciones interpersonales y empatía en estudiantes universitarios. *Clínica y Salud, 15* (2), 117-137.

— y Fernández-Berrocal, P. (2004b). El papel de la inteligencia emocional en el alumnado: Evidencias empíricas. *Revista Electrónica de Investigación Educativa*, 6(2). Disponible en línea: redie.uabc.mx/ vol6no2 / contenido-extremera.html. .

— y Fernández-Berrocal, P. (2002). La evaluación de la inteligencia emocional en el aula como factor protector de diversas conductas problema: violencia, impulsividad y desajuste emocional. En F. A. Muñoz, B. Molina y F. Jiménez (eds.). *Actas del I Congreso Hispano-americano de Educación y Cultura de Paz* (págs. 599-605). Granada: Universidad de Granada.

Fernández-Berrocal, P. (2008). «La Educación Emocional y Social en España». En *Educación emocional y social: Análisis internacional.* Santander: Fundación Marcelino Botín, 159-196.

— y Ruiz, A. D. (2008). La inteligencia emocional en la Educacion. *Revista Electrónica de Investigación Psicoeducativa, 15,* 6(2), 1696-2095.

—, Alcaide, R., Domínguez, E., Fernández-Mc Nally, D., Ramos, N. S. y Ravira, N. (1998). Adaptación al castellano de la escala rasgo de meta conocimiento sobre estados emocionales de Salovey *et al.*: datos preliminares. *Libro de Actas del V Congreso de Evaluación Psicológica.* Málaga.

— y Ramos Díaz, N. (1999). Investigaciones Empíricas en el Ámbito de la Inteligencia Emocional. *Ansiedad y Estrés, 5(2-3),* 247-260.

—, Alcaide, R., Extremera, N. y Pizarro, D. (2006). *The role of perceived emotional intelligence in the psychological adjustment of adolescents.* Manuscrito remitido para publicación.

— y Extremera, N. (2006). La Investigación de la Inteligencia Emocional en España. *Ansiedad y Estrés, 12* (2), 139-153.

— y Ramos, N. (2002). *Corazones inteligentes.* Barcelona: Kairós.

—, Salovey, P., Vera. A., Extremera, N. y Ramos, N. (2005). Cultural influences on the relation between perceived emotional intelligence and depression. *International Reviens of Social Psychology. 8,* 91-107.

—, Salovey, P., Vera, A., Ramos, N. y Extremera, N. (2002). Cultura, inteligencia emocional percibida y ajuste emocional: un estudio preliminar. *Revista Española de Motivación y Emoción, 3,* 159-167.

— & Ramos, N. (2004). *Desarrolla tu Inteligencia Emocional.* Barcelona: Kairós.

—, Extremera, N. y Ramos, N. (2003a). Inteligencia emocional y depresión. *Encuentros en Psicología Social, 1*(5), 251-254.

—, Salovey, P., Vera, A., Ramos, N. y Extremera, N. (2002). Cultura, inteligencia emocional percibida y ajuste emocional: un estudio preliminar. *Revista Española de Motivación y Emoción, 3,* 159-167.

—, Extremera, N., y Ramos, N. (2004). Validity and reliability of the Spanish modified version of the Trait Meta-Mood Scale. *Psychological Reports, 94,* 751-755.

Fernández-Pinto, I., López-Pérez, B., Márquez M. (2008) Empatía: Medidas, teorías y aplicaciones en revisión. *Anales de Psicología, 24*(2), 284-298.

Feldman, G. C. & Hayes, A. M. (2005). Preparing for problems: A measure of mental anticipatory processes. *Journal of Research in Personality, 39,* 487-516.

Ferrando, M., Ferrándiz, C., Prieto, M. D.-Hernández, D. (2007): Exploración de las relaciones entre la inteligencia emocional autopercibida y los rasgos de la personalidad. *En Libro de resúmenes del I Congreso Internacional de Inteligencia emocional* (p. 84). Málaga, España.

Flavell, J. H. (1979). Metacognition and metacognitive monitoring: A new area of cognitive-developmental inquiry. *American Psychologist, 34,* 906-911.

Foa, E. B., Keane, T. M. & Friedman, M. J. (eds.). (2000). *Effective treatments for PTSD: Practice guidelines from the International Society for Traumatic Stress Studies.* Nueva York: Guilford.

Franco, C. y Mañas, I. (2009). *Reducción de los niveles de estrés docente y de los días de baja laboral por enfermedad en profesores de educación secundaria obligatoria a través de un programa de entrenamiento en meditación.* Manuscrito enviado para su publicación.

—, Mañas, I., Cangas, A. J. y Gallego, J. (2009). *The impact of a mindfulness programme onthe academic performance, self-concept and anxiety in students of secondary school.* Manuscrito enviado para su publicación.

— (2009). *Meditación Fluir para serenar el cuerpo y la mente.* Madrid: Bubok.

Fredrickson, B. L. (2001). The role of positive emotions in positive psychology: The broaden-and-build theory of positive emotions. *American Psychologist, 56,* 218-226.

—, Cohn, M. A., Coffey, K. A., Pek, J. & Finkel, S. M. (2008). Open Hearts Build Livers: Positive Emotions, Induced Throug Loving-Kindness meditation, Build Consequential Personal Resources. *Journal of Personality and Social Psychology, 95*(5), 1045-1062

Frijda, N. H. (1994). Emotions are functional, most of the time. En P. Ekman y R. Davidson (eds.). *The nature of emotion.* Oxford: Oxford University Press.

Freudenberger, N. D. (1974). «Staff bornout». *Journal of Social Issues, 30,* 159-165.

Galantino, M. L. (2003). Influence of Yoga, walking and mindfulness meditation on fatigue and body mass index in women living with breast cancer. *Seminars in Integrative Medicine, 1,* 151-157.

Garaigordobil, M., Cruz, S. y Pérez, J. I. (2003). Análisis correlacional y predictivo del autoconcepto con otros factores conductuales, cognitivos y emocionales de la personalidad durante la adolescencia. *Estudios de Psicología, 24*(1), 113-134.

García, M., Alvarado, J. M. y Jiménez, A. (2000). La Predicción del Rendimiento Académico: Regresión Lineal versus Regresión Logística. *Universidad Complutense, 12*(2), 248-252.

Gardner. H. (1983). *Frames of Mind. The Theory of Multiple hile Uigences.* Nueva York: Basic Books.

Garnefski, N., Kraaij, V. y Spinhoven, P. (2001). Negative life events, cognitive emotion regulation and emotional problems. *Personality and Individual differences, 30,* 1311-1327.

Gaudiano, B. A. & Herbert, J. D. (2006). Acute treatment of inpatients with psychotic symptoms using Acceptance and Commitment Therapy: pilot results. *Behaviour Research and Therapy, 44,* 415-437.

Gerits, L., Derksen, J. y Verbruggen, A. B. (2004). Emotional intelligence and adaptive success of nurses caring for people with mental retardation and severe behavior problems. *MentaL Retardation, 42* (2), 106-121.

Germer, C. K. (2005). Mindfulness. What is it? What does it matter? En

C. K. Germer, R. D. Siegel y P. R. Fulton (eds.). *Mindfulness and psychotherapy.* Nueva York: Guilford Press, 3-27.

— (2005*a*). *Mindfulness and Psychotherapy.* En C. K., Germer, R. D. Siegel P. R. Fulton (eds.). Mindfulness: What is it: What does it matter? (págs. 3-27). Nueva York: Guilford Press.

— (2005*b*). *Mindfulness and Psychotherapy.* En C. K., Germer, R. D. Siegel, P. R. Fulton (eds.). *Teaching mindfulness in therapy* (págs. 113-129). Nueva York: Guilford Press

— (2005*c*). *Mindfulness and Psychotherapy.* En C. K., Germer, R. D. Siegel P. R.Fulton (eds.). *Anxiety disorders: Befriending fear* (págs. 152-172). Nueva York Guilford Press

Gil-Olarte, P., Palomera, R. y Brackett, M. A. (2006). Relating emotional intelligence to social competence, and academic achievement among high school students. *Psicothema, 18,* 118-123.

—, Guil R., Mestre J. M., Nuñez, I. (2005). La inteligencia emocional como variable predictora del rendimiento académico. *Libro de Actas del IX Congreso Nacional de Psicología Social, 5,* 351-357.

Gohm, C., & Clore, G. L. (2002). Four latent traits of emotional experience and their involvement in well-being, coping, and attributional style. *Cognition and Emotion, 16,* 495-518.

Goleman, D. (1996). *Inteligencia Emocional.* Barcelona: Kairós.

— (1995). *Emotional Intelligence. Why it can matter more than IQ.* Nueva York: Bantam Books. (Versión castellana: *Inteligencia emocional,* Barcelona, Kairós, 1996; 15 edición 1997).

— (1998). *Working with emotional intelligence.* Nueva York: Bantam Books.

— (2001). Emotional intelligence perspectives on a theory of performance. En C. Cherniss & D. Goleman (eds.). *The emotionally intelligent workplace.* San Francisco: Jossey-Bass.

González, V., Morfin, M., Peña, V. (2005). Modelo para evaluar predictores de éxito escolar. Ponencia presentada en el *VIII Congreso Nacional de Investigación Educativa.* Hermosillo, México.

Gore, S. & Eckenrode, J. (1994). Context and process in research on risk and resilience. En R. Haggerty, L. Sherrod, N. Garmezy & M. Rutter (eds.). *Stress, risk, and resilience in children and adolescents.* Nueva York: Cambridge University Press, págs. 19-63.

Gottman, J. (1997). *The heart of parenting: How to raise an emotionally intelligent child*. Nueva York: Simon & Schuster.

Gould, R. A., Buckminster, S., Pollack, M. H., Otto, M. W. & Yap, L. (1997). Cognitive behavioral and pharmacological treatment for social phobia: A meta-analysis. *Clinical Psychology: Science and Practice, 4*, 291-306.

Graczyk, P. A., Weissberg, R. P., Payton, J. W., Elias, M. J., Greenberg, M. T. y Zins, J. E. (2000). Criteria for Evaluating the Quality of School-Based Social and Emotional Learning Programs. En R. Bar-On y J. D. A. Parker. *The Handbook of Emotional Intelligence. Theory, Development, Assessment, and Application at Home, School, and in the Workplace*. San Francisco, Ca: Jossey-Bass, págs. 391-410.

Grau, R., Agut, S., Martínez, I. M. y Salanova, M. (2000). *Gender differences on burnout/engagement among Spanish students*. Estocolmo, Suecia. XXVII International Congres of Psychology.

Gross, C., Kreitzer, M. J., Russas, V., Treesak, C., Frazier, P. A. y Herts, M. I. (2004). Mindfulness meditation to reduce symptoms after organ transplant: a pilot study. *Advances in Mind-Body Medicine, 20, 20-29*.

Gross, J. J. (1998*a*). Antecedent-and response-focused emotion regulation: Divergent consequences for experience, expression, and physiology. *Journal of Personality and Social Psychology, 74*(1), 224–237.

— (1998*b*). The emerging field of emotion regulation: An integrative review. *Review of General Psychology, 2*, 271-299.

— & Muñoz, R. F. (1995). Emotion regulation and mental health. *Clinical Psychology: Science and Practice, 2*, 151–164.

Grossman, P., Niemann, L., Schmidt, S. & Walach, H. (2004). Mindfulness-based stress reduction and health benefits: A meta-analysis. *Journal of Psychosomatic Research, 57*, 35-43.

Hanh, T. N. (1975). *The miracle of Mindfulness*. Boston: Bacon Press (Edición en español en Oniro).

Hayes, S. C., Strosahl, K., Wilson, K. G. (1999). *Acceptance and commitment therapy: An experiential approach to behavior change*. Nueva York: Guilford Press.

— (2004). Acceptance and commitment therapy and the new behaviour therapies. En S. C. Hayes, V. M. Follette y M. M. Linehan (eds.). *Mindfulness and acceptance*. Nueva York: Guilford Press, págs. 1-29.

—, Masuda, A., Bissett, R., Luoma, J. & Guerrero, L. F. (2004). DBT, FAP, and ACT: How empirically oriented are the new behavior therapy technologies? *Behavior Therapy, 35, 35-54.*

—, Luoma, J. B., Bond, F. W., Masuda, A. & Lillis, J. (2006). Acceptance and Commitment Therapy: Model, Processes and Outcomes. *Behaviour Research and Therapy, 44,* 1-25.

—, Jacobson, N. S., Follette, V. M. & Dougher, M. J. (eds.) (1994). *Acceptance and change: Content and context in psychotherapy.* Reno, NV: Context Press.

— & Wilson, K. G. (1994). Acceptance and commitment therapy: Altering the verbal support for experiential avoidance. *The Behavior Analyst, 17,* 289–303.

— (2003). Mindfulness: method and process. *Clinical Psychology: Science and Practice, 10*(2), 161–165.

Hayes, A. M. & Harris, M. S. (2000). The development of an integrative treatment for depression. En Johnson, S., Hayes, A. M., Field, T., Schneiderman, N. & Mc Cabe, P. (eds.). *Stress, coping, and depression.* Mahwah, NJ: Lawrence Erlbaum, págs. 291-306.

Hayes, S. C. y Wilson, K. G. (2003). Mindfulness: Method and process. *Clinical Psychology: Scienceand Practice, 10,* 161-165.

— (2002). Buddhism and acceptance and commitment therapy. *Cognitive and Behavioral Practice, 9,* 58-66.

Hayes, A. & Feldman, G. (2004). Clarifying the construct of mindfulness in the context of emotion regulation. *Clinical Psychology: Science and Practice, 11,* 255-262.

Hauser, S. T., Vieyra, M. A. B., Jacobson, A. M. & Wertlieb, D. (1985). Vulnerability and resilience in adolescence: Views from the family, *Journal of Early Adolescence, 5,* 81-100.

Hedlund, J. y Sternberg, R. J. (2000). Too Many Intelligences? Interpreting Social, Emotional, and Practical Intelligence. En R. Bar-On y J. D. A. Parker, *The Handbook of Emotional Intelligence. Theory, Development, Assessment, and Application at Home, School, and in the Workplace.* San Francisco, Ca: Jossey-Bass, págs. 136-137.

Hoffman, M. L. (1977). Sex diferentes in empathy and related behaviors. *Psychological Bulletin, 54,* 712.

— (1987). La aportación de la empatía a la justicia y al juicio moral. En N. Eisenberg y J. Strayer (eds.). *La empatía y su desarrollo*. Bilbao: Desclée de Brouwer, págs. 59-93.

— (1989). Empathic emotions and justice in society. *Social Justice Research*, 3, 283-311.

Hurrelmann, K. (1997). Prevención en la adolescencia. En G. Buela-Casal, L. Fernández-Ríos, L. y T. J. Carrasco, *Psicología preventiva*. Madrid: Pirámide, págs. 105-116.

Ingram, R. E. (1990). Self-focused attention in clinical disorders: Review and a conceptual model. *Psychological Bulletin, 107,* 156-176.

Jonh, O. P. & Srivastava, S. (1999). The Big Five trait taxonomy: History, measurement, and threoretical perpectives. En L. A. Pervin y John O. P. (eds.). *Handbook of Personality: Theory and research* (2.ª ed.). Nueva York: Guilford Press.

— & Gross, J. J. (2004). Healthy and unhealthy emotion regulation: Personality processes, individual differences, and life-span development. *Journal of Personality, 72*, 1301-1333.

— & Srivastava, S. (1999). The Big Five trait taxonomy: History, measurement, and threoretical perpectives. En L. A. Pervin y John O. P. (eds.). *Handbook of Personality: Theory and research* (2.ª ed.). Nueva York: Guilford Press.

Johnson, S. L. (2000). *Mania and goal regulation: A review*. Manuscrito enviado para su publicación.

Jiménez, M. I. y López-Zafra, E. (2008). El autoconcepto emocional como factor de riesgo emocional en estudiantes universitarios. Diferencias de género y edad. *Boletín de psicología, 93*, 21-39.

— & López-Zafra, E. (2007). *La Inteligencia Emocional en el ámbito educativo*. En *Libro de resúmenes del I Congreso Internacional de Inteligencia emocional*. Málaga, España, pág. 118.

Kabat-Zinn, J., Massion, A. O., Kristeller, J., Peterson, L. G., Fletcher, K. E., Pbert, L., *et al.*, (1992). Effectiveness of a mindfulness-based stress-reduction program in the treatment of anxiety disorders. *American Journal of Psychiatry, 149*, 936-943.

—, Wheeler E., Light T., Skillings, A., Scharf, M. F., Cropley T. G., Hormer D., Bernhard J. D., (1998): Influence of a mindfulness meditation-

based stress education intervention on rates of skin clearing in patients with moderate to severe psoriasis undergoing phototherapy
(UVB) and photo chemotherapy (PUVA), *Psychosomatic medicine
60,* 625-632.

— (1982). An outpatient program in behavioral medicine for chronic
pain patients based on the practice of mindfulness meditation: Theoretical considerations and preliminary results. *General Hospital Psychiatry, 4,* 33–47.

— (2003). Mindfulness-based interventions in context: Past, present,
and future. *Clinical Psychology: Science and Practice, 10,* 144-156.

— (1990). *Full catastrophe living. Using the Wisdom of Your Body and
Mind to Face Stress, Pain, and Illness.* Nueva York : Delta Book Publishing.

Kandel, E. R., Schwarts, J. H. y Jessel, T. M. (2001). *Principios de Neurociencia.* (4.ª edic.) Mc. Graw Hill Interamericana.

Kaplan, K., Goldenberg, D. & Galván-Nadeau, M. (1993). The impact of a
meditation-based stress reduction program on fibromyalgia. *General
Hospital Psychiatry, 15,* 284-289.

Kingston, T., Dooley, B., Bates, A., Lawlor, E. & Malone, K. (2007). Mindfulness-based cognitive therapy for residual depressive symptoms.
Psychology and Psychotherapy: *Theory, Research, and Practice, 80,*
193-203.

Kirsch, I., Mearns, J. & Catanzaro, S. J. (1990). Mood regulation expectancies as determinants of dysphoria in college students. *Journal of
Counseling Psychology, 37,* 306-312.

Kristeller, J. L. (2003). Mindfulness, Wisdom and eating: Applying a mul-
ti-domain model of meditation effects. *Journal of constructivism in
the human sciences. 8,* 107-118.

Lam, L. T. y Kirby, S. L. (2002). Is emotional intelligence an advantage? An
exploration of the impact of emotional and general intelligence on individual performance. *Journal of Social Psychology, 142* (1), 133-145.

Lane, R. D. (2000). Level of emotional awareness: Neurological, Psycho-
logical and social perspectives. En R. Bar-On. y J. D. A. (eds.). *The
Handbook of emotional Intelligence* (págs. 171-192). San Francisco
CA: Jossey- Bass.

Lakoff, G. (2004). *Don't think of an elephant: Know your values and frame the debate.* Vermont, USA: Chelsea Green Publishing.

Latorre, J. M. y Montañés, J. (2004). Ansiedad, inteligencia emocional y salud en la adolescencia. *Ansiedad y Estrés, 10,* 111-125.

Lazarus, R. S. y Lazarus, B. (1994). *Passion and Reason.* Nueva York: Oxford University Press.

— (1991). *Emotion and adaptation.* Nueva York: Oxford University Press.

Leary, Mark R. & Tate, Eleanor B. (2007). The multi-faceted mature of *Mindfulness. Psychological Inquiry, 18:*4, 251-255.

LeDoux J. E., (2000). Emotion Circuits in the Brain. *Annual Review of Neuroscience, 23:*155-184.

— (1996). *The emotional brain.* Nueva York: Simon y Schuster.

— (1995).Emotion: clues from the brain. *Annual Review of Psychology, 46,* 209-25.

Leuner, B. (1996). Emotionale intelligenz und emanzipation (Emotional intelligence and emancipation). *Praxis der Kinderpsychologie und Kinderpsychiatry, 15,* 196-203.

Liau, A. K., Liau, A. W. L., Teoh, G. B. S., Liau, M. T. L. (2003). The Case for Emotional Literacy: the influence of emotional intelligence on problem behaviours in Malaysian secondary school students. *Journal of Moral Education, 32*(1), 51-66.

Liff, B. S. (2003). Social intelligence: Applications for developmental education. *Journal of developmental Education, 26*(3), 28.

Linehan, M. M. & McGhee D. E. (1994). A cognitive-behavioral model of supervision with individual and group components. En S. E. Greben & R. Ruskin (eds.). *Clinical Perspectives in Psychotherapy Supervision.* Washington D. C.: American Psychiatric Association, 165-188.

— (1993*a*). *Cognitive-behavioral treatment of borderline personality disorder.* Nueva York: Guilford Press.

— (1993*b) Skills training manual for treating borderline personality disorder.* Nueva York: Guilford Press.

Lischetzke, T. & Eid, M. (2003). Is attention to feelings beneficial or detrimental to affective well-being? Mood regulation as a moderator variable. *Emotion, 3,* 361-377.

Lopes, P. N., Brackett, M. A., Nezlek, J. B., Schütz, A., Sellin, I. y Salovey,

P. (2004). Emotional Intelligence and Social Interaction. *Personality and Social Psychology Bulletin, 30*(8), 1018-1034.

—, Salovey, P., Cote, S. y Beers, M. (2005). Emotion regulation abilities and the quality of social interaction. *Emotion, 5,* 113-118.

—, Salovey, P., y Strauss, R. (2003). Emotional intelligence, Personality and perceived quality of social relationships. *Personality and individual differences, 35*(3), 641-659.

—, Grewal, D., Kadis, J., Gall, M. y Salovey, P. (2006). Evidence that emotional intelligence is related to job performance and affect and attitudes at work. P*sicothema, 2,* 1-3.

— y Salovey, P. (2004). Toward a broader education: Social, Emotional and practical skills. En H. J. Walberg, M. C. Wang, R. P. Weissberg y Zins (eds.). *Building School Success on Social and Emotional Learning*. Nueva York: Teachers College Press, págs. 76-93.

Lutz, A, Dunne, J. D. & Davidson, R. J. (2007). Meditation and the Neuroscience of Consciousness: An Introduction. En Zelazo, P., Moscovitsch, M. & Thompson, E. *The Cambridge Handbook of Consciousness*. Cambridge, Nueva York: Cambridge University Press.

MacLeod, A. K. & Conway, C. (2005). Well-being and the anticipation of future positive Experiences: The role of income, social networks and planning ability. *Cognition and Emotion 19,* 357-374.

Maldonado, V. y Extremera, N. (2000). *La prevención del consumo de drogas en el medio escolar.* Ponencia presentada en las IX Jornadas Provinciales de Drogodependencias, Málaga.

Marlatt G. A. (1994). La prevención de recaídas en las conductas adictivas: un enfoque de tratamiento cognitivo-conductual. En Casas M., Gossop, M. (coord.). *Recaída y prevención de recaídas*. Barcelona: Ediciones en Neurociencias.

— & Gordon, J. R., (1985). *Relapse Prevention: Maintenance Strategies in the Treatment of Addictive Behaviors*. Nueva York: Guilford Press.

Marr, A. J. (2006). Relaxation and muscular tension: a biobehavioristic explanation. *International Journal of stress Management, 13,* 131-153.

Marín, S. M., Teruel, M. M., Bueno, G. C. (2006). La regulación de las emociones y de los sentimientos en alumnos de Magisterio. *Ansiedad y Estrés, 12,* 2-3, 379-391.

Martin, J. P. (1997). Mindfulness: A proposed common factor. *Journal of Psychotherapy Integration, 7,* 291-312.

Martin, D. y Boeck, K. (2004). *EQ. Qué es Inteligencia Emocional.* Madrid: Improve.

Martín, I, M. (2007). Estrés académico en estudiantes universitarios. *Apuntes de Psicología, 25*(1), 87-99.

Martín-Asuero, A. y García de la Banda, G. (2007). Las ventajas de estar presente: desarrollando una conciencia plena para reducir el malestar psicológico. *International Journal of Clinical and Health Psychology, 7*(2), 369-384.

Martínez, I. y Salanova, M. (2003). Niveles de Burnout y Engagement en Estudiantes Universitarios. Relación con el Desempeño y Desarrollo Profesional. *Revista de Educación, 330,* 361-384.

Maslach, C. y Jackson, S. E. (1981). *The Maslach Burnout Inventory. Research Edition.* Palo Alto, CA: Consulting Psychologists Press, 3.ª ed.

Masten, A. S. (1994). Resilience in individual development: Successful adaptation despite risk and adversity. En M. C. Wang & E. W. Gordon (eds.). *Educational resilience in inner-city America: Challenges and prospects.* Hillsdale, NJ: Lawrence Erlbaum Associates, págs. 3-25.

Matthews, G. y Zeidner, M. (2000). Emotional Intelligence, adaptation to stressful encounters and health outcomes. En R. Bar-On, R. y J. D. A Parker, (eds.).*The Handbook of Emotional Intelligence,* Jossey-Bass.

—, Zeidner, Z. y Roberts, R. D. (2002). *Emotional intelligence: Science and myth.* The MIT Press.

Maurer, M. & Brakkett, M. A. (2004). *Emotional Literacy in the middle school. A 6-step program to promote social, emotional and academic learning.* Nueva York: Dude.

Mayer, J., Roberts, R. D. & Barsade, G. (2008). Human Abilities: Emotional Intelligence. *Annual Review of Psychology, 59,* 1-13.

—, Salovey, P. & Caruso, D. R. (2004*a*). Emotional Intelligence: Theory, Findings and Implications. *Psychological Inquiry, 15*(3).

—, Salovey, P. y Caruso, D. R. (2002). Mayer-Salovey-Caruso *Emotional Intelligence Test (MSCEIT). Item Booklet.* Toronto, Canada: MHS Publishers.

Mayer, J., Salovey, P. y Caruso, D. (2000). *Emotional intelligence as Zeitgeist, as personality, and as mental ability*. En R. J. Sternberg (ed.). *Handbook of emotional intelligence.* San Francisco: Jossey Bass, págs. 92-117.

— y Cobb, C. D. ((2000). Educational policy on emotional intelligence: Does it make sense? *Educational Psychology Review, 12,* 163-183.

—, Caruso, D. y Salovey, P. (2000). Selecting a measure of emotional intelligence: the case for ability scales. En R. Bar-On y J. D. A. Parker (eds.). *The handbook of emotional intelligence: Theory, development, assessment, and application at home, school, and in the workplace.* San Francisco: Jossey-Bass, págs. 320-342.

—, Caruso, D. y Salovey, P. (1999). Emotional intelligence meets traditional standards for intelligence. *Intelligence, 27,* 267-298.

— y Salovey, P. (1997). What is emotional intelligence? En P. Salovey & D. Sluyter (Eds). *Emotional Development and Emotional Intelligence: Implications for Educators.* Nueva York: Basic Books, págs. 3-31.

—, Salovey, P. (1993). The intelligence of emotional intelligence. *Intelligence, 17,* 433-442.

— & Salovey, P. (1993). The intelligence of emotional intelligence. *Intelligence, 17*(4), 433-442.

McCrae, R. R. & Costa P. T. (1996). Toward a new generation of personality theories: Theoretical contexts for the Five-Factor Model. En J. S. Wiggins (eds.). *The Five-Factor Model of Personality: Theoretical Perspetives.* Nueva York: Guilford Press, 51-87.

— & Costa P. T. (1999). A five-factor theory of personality. En L. Pervin y O. P. John (eds.). *Handbook of Personality.* Nueva York: Guilford Press, 2.ª edic., págs. 139-153.

— (2000). «Emotional Intelligence from the Perspective of the Five-Factor Model of Personality». En R. Bar-On y J. D. A. Parker. *The Handbook of Emotional Intelligence. Theory, Development, Assessment, and Application at Home, School, and in the Workplace.* San Francisco, CA: Jossey-Bass, págs. 263-277.

Mearns, J. (1991). Coping with a break-up: Negative mood regulation expectancies and depression following the end of a romantic relationship. *Journal of Personality and Social Psychology, 60,* 327-334.

Mestre, J. M., Guil, M. R. y Gil-Olarte, P. (2004). Inteligencia emocional: Algunas respuestas empíricas y su papel en la adaptación escolar en una muestra de alumnos de secundaria. *R.E.M.E. [On line], 7* (16).

Mestre, V., Pérez Delgado, E., Frías, D. y Samper, P. (2004). Personalidad y contexto familiar como factores predictores de la disposición prosocial y antisocial de los adolescentes. *Revista Latinoamericana de Psicología, 36* (3), 445-457.

Mestre, J. M., Palmero, F., y Guil, R. (2004). Inteligencia emocional, una explicación desde los procesos psicológicos básicos. En J. M. Mestre y F. Palmero (eds.). *Procesos psicológicos básicos: Una guía académica para los estudios en Psicopedagogía, Pedagogía y Psicología.* Madrid: Mc-Graw-Hill, págs. 249-280.

Mestre, V., Frías, N. y Samper G. (2004). La medida de la empatía: Análisis del interpersonal reactivity index. *Psicothema, 16,* 255-260.

—, Samper P., Tur, A., y Díez, I. (2001). Estilos de crianza y desarrollo prosocial de los hijos. *Revista de Psicología General y Aplicada, 54,* 691-703.

Midgley, C., Maehr, M. L., Hruda, L. Z., Anderman, E., Anderman, L., Freeman, K. E. *et al.,* (2000). *Manual for Patterns of Adaptive Learning Scales.* University of Michigan Press.

Miró, M. T. (2006). Editorial. *Revista de Psicoterapia, 66/67.*

Montero, I. y León. O. (2007). Guía para nombrar los estudios de investigación en psicología. *International Journal of Clinical and Health Psychology. 7*(3), 847-862.

Mor, N. & Winquist, J. (2002). Self-focused attention and negative affect: A meta-analysis. *Psychological Bulletin, 128,* 638-662.

Morgado, B. (2005). ¿Qué es la mente? ¿Cómo surgió? ¿Cómo nos hace inteligentes y sociales? (págs. 224-238). En Morgado *et al.,* (2005). *Psicobiologia: De los Genes a la Cognición y el Comportamiento.* Barcelona: Ariel.

Mozaz, M. J., Mestre, J. M. y Núñez-Vázquez, I. (2007). Inteligencia emocional y cerebro. En Mestre, N. J. y Fernández-Berrocal, P. (2007). *Manual de Inteligencia emocional.* Madrid: Pirámide.

Muñoz, M. M. y Bisquerra, R. (2006). Evaluación de un programa de educación emocional para la prevención del estrés psicosocial en el contexto del aula. *Ansiedad y estrés, 12,* 2-3, 401-412.

Murphy, R. y Allen, J. (2006). *A Critique of Emotional Intelligence: What are the Problems and How Can They Be Fixed?* Mahweh, NJ: Erlbaum.

Mullen, B. & Suls, J. (1982). "Know thyself": Stressful life changes and the ameliorative effect of private selfconsciousness. *Journal of Experimental Social Psychology, 18,* 43-55.

Nasby, W. (1989). Private self-consciousness, self-awareness, and the reliability of self-reports. *Journal of Personality and Social Psychology, 56,* 950-957.

Nelis, D., Quoidbach, J., Mikolajczak, M. & Hansenne, M. (2009). «Increasing emotional intelligence: (How) is it possible?» *Personality and Individual Differences, 47,* 36-41.

Nelson, T. O., Stuart, R. B., Howard, C. & Crowley, M. (1999). Metacognition and clinical psychology: A preliminary framework for research and practice. *Clinical Psychology and Psychotherapy, 6,* 73-70.

Newsome, S., Day, A. & Catano, V. (2000). Assessing the predictive validity of emotional intelligence. *Personality and Individual differences, 29,* 1005-1016.

Nolen-Hoeksema, S. (1991). Responses to depression and their effects on the duration of depressive episodes. *Journal of Anormal Psychology, 4,* 569-582.

Nunnaly, J. C. y Bernstein, I. H. (1994). *Psychometric theory* (3.ª ed.), NY: McGraw-Hill.

Ogden, P., Minton, K. & Pain, C. (2006). *Trauma and the body: A sensorimotor approach to psychotherapy.* Nueva York: W.W. Norton & Company, Inc, vol. 36.

Orsillo, S. M. & Roemer & Holowoka, D. W. (2005). Acceptance-based behavioral therapies for anxiety. In and Mindfulness-Based Approaches in S. M. Orsillo & L Roemer eds. *Acceptance and Mindfulness-Based Approaches to Anxiety Conceptualization and Treatment.* Nueva York: Springer, págs. 3-35.

Payne, W. L. (1983/1986). A study of emotion: developing emotional intelligence; self integration; relating to fear, pain and Abstracts. *International, 47,* p. 203A.bailey r [Google Scholar]

Parker, J., Taylor, G. y Bagby, R. (2001). The relationship between emotional intelligence and alexithymia. *Personality and Individual Differences, 30,* 107-115.

—, Summerfeldt, L., Hogan, M. J. y Majeski, S. A. (2004). Emotional intelligence and academia success: examining the transition from high school to university. *Personality and Individual Differences, 36*(1), 163-172.

Parkinson, B., Totterdell, P., Briner, R. B. & Reynolds, S. (1996). *Changing moods: The psychology of mood and mood regulation.* Harlow, England: Addison Wesley.

Parker, G. A., Anderson, B. K. & Marlatt, G. A. (2001). Relapse prevention therapy. En N. Heather, T. J. Peters & T. Stockwell (eds.). *International handbook of alcohol dependence and problems.* Nueva York: John Wiley, págs. 575-592.

Payne, W. L. (1986). A study of emotion: Developing emotional intelligence; Self integration; relating to fear, pain and desire. *Dissertation Abstracts International, 47*(01), 2030A (University Microfilms No. AAC 8605928).

Phelps, E. A. ((2006). Emotion and Cognition: Insights from studies of the human amygdale. *Annual Review of Psychology, 57,* 27-53.

Perandones, G. T. y Castejón, C. J. (2007). *Implicaciones para la formación del profesorado derivadas del estudio de la Inteligencia Emocional y la autoeficacia docente.* En prensa.

Pérez, M. A. y Botella, L. (2007). Conciencia plena (mindfulness) y psicoterapia: concepto, evaluación y aplicaciones clínicas. *Revista de psicoterapia, 17,* 77-120.

Pérez J. P. Petrides K. V. y Furnham A (2005). Measuring Trait Emotinal Intelligence. En R. Schulze & R. D. Roberts (eds.). *Emotional Intelligence: An Internacional Handbook.* Ashland, OH: Hogrefe & Huber Publishers.

Pérez, P. N. y Castejón, C. J. L. (2007). La Inteligencia Emocional como predictor del rendimiento académico en estudiantes universitarios. *Ansiedad y Estrés, 12,* 121-131.

Petrides, K. V. Frederickson, N. y Furham, A. (2004). The role of trait emotional intelligence in academic performance and deviant behavior at school. *Personality and individual differences, 36,* 277-293.

— y Furnham, A. (2000). On the dimensional structure of emotional intelligence. *Personality and Individual Differences, 29*, 313-320.

— y Furnham, A. (2001). Trait emotional intelligence: psychometric investigation with reference to established trait taxonomies. *European Journal of Personality, 15*, 425-448.

Pons, D., Atienza, F. L., Balaguer, I. y García-Merita, M. L. (2000). Satisfaction With Life Scale: analysis of factorial invariance for adolescents and elderly persons. Perceptual and Motor Skills, *91*, 62-68.

Pyszczynski T. & Greenberg J. (1987). Self-regulatory perseveration and the depressive self-focusing style: a self-awareness theory of reactive depression. *Psychol Bull, 102*, 122-38.

Ramel, W., Goldin, P., Carmona, P. E. y McQuaid, J. R. (2004). The effects of *mindfulness* meditation on cognitive processes and affect in patients with past depression. *Cognitive Therapy and Research, 28*, 433-455.

Ramos, N. S., Hernández, S. M. y Blanca, M. J. (2009). Efecto de un programa integrado de mindfulness e inteligencia emocional sobre las estrategias cognitivas de regulación emocional. *Ansiedad y Estrés, 15*(2-3), 207-216.

—, Hernández, S. M. y Blanca, M. J. (2010). Hacia un programa Integrado de Mindfulness e Inteligencia Emocional. *INFOCOP-On-Line*, 35-36.

— y Hernández, S. (2008). Inteligencia emocional y mindfulness. Hacia un concepto integrado de la inteligencia emocional. *Revista facultad de trabajo social, 24*(24), 135-146.

—, Fernández-Berrocal, P. & Extremera, N. (2007). Perceived Emotional intelligence facilitates Cognitive-Emotional Processes of Adaptation to an Acute Stressor. *Cognition & Emotion, 21*, 758-772.

— y Recondo, O. (2010). Inteligencia Emocional Plena. Manuscrito pendiente de publicación.

Ryff, C. & Singer, B. (1998). The contours of positive human health. *Psychological Inquiry, 9*, 1-28.

Salovey, P., Rothman, A. J., Detweiler, J. B. & Steward, W. T. (2000). Emotional states and physical health. *American Psychologist, 55*, 110-121.

Roberts, R. D., Zeidner, M. y Matthews, G. (2001). Does emotional intelligence meet traditional standards for intelligence? Some new data and conclusions. *Emotion, 1*, 196-231.

Robins, C. J. & Chapman, A. L. (2004). Dialectical behavior therapy: Current status, recent developments, and future directions. *Journal of Personality Disorders, 18,* 73-89.

Roccas, S., Savig, L., Schwartz, S. & Knafo, A. (2002). The Big Five personality factors and personal values. *Personality and Social Psychology Bulletin, 28,* 789-801.

—, Savig, L., Schwartz, S. & Knafo, A. (2003). The Big Five personality factors and personal values. *Personality and Social Psychology Bulletin, 28,* 789-801.

Roemer, L. & Orsillo, S. M. (2007). An open trial of an acceptance-based behavior therapy for generalized anxiety disorder. *Behavior Therapy, 38,* 72-85.

Rodríguez, A., Del Libano M., Cifre, E., Llorens, S. y Bresó, E. (2003). Flow vs adicción al trabajo: ¿Opuestos o complementarios? *Psicología de las Organizaciones del trabajo y Recursos humanos y de la Salud.* Madrid: Biblioteca Nueva, págs. 130-134.

Rogers, C. R. (1992). The necessary and sufficient conditions of therapeutic personality change (APA Centennial Feature). *Journal of Consulting and Clinical Psychology, 60,* 827-832.

Rothbart, M. K., Ahadi, S. A. & Evans, D. E. (2000). Temperament and personality: Origins and outcomes. *Journal of Personality and Social Psychology, 78,* 122-135.

Rubin, M. M. (1999). Emotional intelligence and its role in mitigating aggression: A correlational study of the relationship between emotional intelligence and aggression in urban adolescents. Tesis doctoral no publicada. Immaculata College, Inmaculata, PA.

Ruiz-Aranda, P., Fernández-Berrocal, P., Cabello, R. y Extremera, N. (2006). Inteligencia emocional percibida y consumo de tabaco y alcohol en adolescentes. *Ansiedad y Estrés, 12*(2-3), 223-230.

Safran, J. D. & Muran, J. C. (2005). *La alianza terapéutica. Una guía para el tratamiento relacional.* Bilbao: Desclée de Brouwer.

Salanova, M., Bresó, E., y Schaufeli, W. B. (2005). Hacia un Modelo Espiral de las creencias de Eficacia en el Estudio del Burnout y del Engagement. *Ansiedad y Estrés, 11*(2-3), 215-231.

—, Martínez, I., Bresó, E., Llorens, S. y Grau, R. (2005). Bienestar Psicológico en Estudiantes Universitarios: Facilitadores y Obstaculizadores del Desempeño Académico. *Anales de psicología, 21*(1), 170-180.

Salguero, J. M. & Iruarrizaga, I. (2006). Relaciones entre inteligencia emocional percibida y emocionalidad negativa: ansiedad, ira y tristeza/depresión. *Ansiedad y Estrés, 12*, 207-221.

Salguero, D., Ruíz, P., Fernández-Berrocal, P. y H. González-Ordi. (2008). Inteligencia Emocional y sugestionabilidad: Efectos sobre el nivel de ansiedad en una muestra de Mujeres Universitarias. *Ansiedad y Estrés, 14*(2-3), 143-158.

Salmon, P. G., Santorelli, S. F. & Kabat-Zinn, J. (1998). Handbook of health behavior change. In S. A. Shumaker, E. B. Schron, J. K. Ockene & W. L. Bee (eds.). *Intervention elements in promoting adherence to mindfulness-based stress reduction programs in the clinical behavioral medicine setting.* Nueva York: Springer, (2.ª edic.), págs. 239-268.

Salovey, P., Bedell, B., Detweiler, J. B. y Mayer, J. (1999). Coping intelligently: Emotional intelligence and the coping process. En C. R. Snyder (ed.). *Coping: The psychology of what works.* Nueva York: Oxford University Press, págs. 141-164.

—, Woolery, A. y Mayer, J. D. (2001). Emotional intelligence: Conceptualization and measurement. En G. J. O. Fletcher y M. S. Clark (eds.). *Blackwell handbook of social psychology: Interpersonal processes.* Malden, MA: Blackwell Publishers, págs. 279-307.

—, Mayer, J. D., Goldman, S., Turvey, C. y Palfai, T. (1995). Emotional attention, clarity, and repair: Exploring emotional intelligence using the Trait Meta-Mood Scale. En J. W. Pennebaker (ed.). *Emotion, disclosure, and health.* Washington: American Psychological Association, págs. 125-151.

— y Mayer, J. (1990). Emotional Intelligence. *Imagination, Cognition and Personality, 9*, 185-211.

—, Stroud, L. R., Woolery, A. y Epel, E. S. (2002). Perceived emotional intelligence, stress reactivity, and symptom reports: Further explorations using the Trait Meta-Mood Scale. *Psychology and Health, 17*, 611-627, 185-211.

— y Sluyter, D. J. (eds.) (1997): *Emotional development and emotional intelligence. Educational implications.* Nueva York: Basic Books.

— (2001). Applied emotional intelligence: Regulating emotions to become healthy, wealthy and wise. En J. Ciarrochi, J. P. Forgas y J. D. Mayer (eds.). *Emotional intelligence in Everyday Life: A Scientific Inquiry.* Filadelfia: Psychology Press/Taylor, y Francis Group. Salovey, P. y Mayer, J. D. (1990). Emotional intelligence. *Imagination cognition and Personality, 9,* 185-211.

—, Bedell, B., Detweiler, J. B. y Mayer, J. (1999). Coping intelligently: Emotional intelligence and the coping process. En C. R. Snyder (ed.). *Coping: The psychology of what works.* Nueva York: Oxford University Press, págs. 141-164.

— y Mayer, J. D. (1990). Emotional intelligence. *Imagination, Cognition, and Personality, 9,* 185-211.

Sánchez, M. T., Montañés, J., Latorre, J. M. y Fernández-Berrocal, P. (2006). Análisis de las relaciones entre la inteligencia emocional percibida y la salud mental en la pareja. *Ansiedad y Estrés, 12*(2-3), 343-353.

Sanchez N., Blum V., Piñeyro L. (1990). Variables relacionadas con el éxito académico de los estudiantes de medicina de la Universidad Autónoma de Nuevo León, México. *Educacion Médica y Salud, 24*(2): 207-212.

Saarni, C. (2000). Emotional competence: A development perspective. En R. Bar-On y J. D. A. Parker (eds.). *The handbook of emotional intelligence.* San Francisco, CA: Jossey-Bass, págs. 68-91.

Santolaya, O. F. (2009). Psicología en las aulas. *Revista INFOCOP, 44.*

Scales, P. C. & Leffert, N. (1999). *Developmental assets: A synthesis of the scientific research on adolescent development.* Minneapolis, MN: Search Institute.

Scarr, S. (1989). Protecting general intelligence: Constructs and consequences for interventions. En R. L. Linn (ed.). *Intelligence: Measurement, theory, and public policy.* Urban, IL: University of Illinois Press, págs. 74-118.

Shapiro, S., Carlson, L., Astin, J. y Freedman, B. (2006). Mechanisms of mindfulness. *Journal of clinical Psychology, 62*(3), págs. 373-386.

Shapiro, D. H. (1982). Overview: Clinical and physiological comparisons of meditation with other self-control strategies. *American Journal of Psychiatry, 139,* 267-274.

Schaufeli, W., Martínez, I., Marques Pinto, A., Salanova, M. & Bakker, A. (2002). Burnout and engagement in university students: A cross-national study. *Journal of Cross-Cultural Psychology*, *33* (5), 464-481.

—, Salanova, M., González-Romá, V. y Bakker, A. (2002). The asurement of burnout and engagement: A confirmatory factor analytic approach. *Journal of Happiness Studies, 3*, 71-92.

Scheer-Dickson N. (2004) Current developments of metacognitive concepts and their clinical implications: mindfulness-based cognitive therapy for depression. *Counselling Psychology Quarterly, 17,* 223-234.

Shiota, Michelle N., Dacher Keltner y Oliver P. John (2006). Positive Emotion Dispositions Differentially Associated with Big Five Personality and Attachment Style. *Journal of Positive Psychology, 1*, 61-71.

Schulze, R. y Roberts, R. D. (eds.) (2005). *Emotional Intelligence. An International Handbook*. Gotingen, Alemania: Hogrefe & Huber Publishers.

Schutte, N. S., Malouff, J. M., Hall, L. E., Haggerty, D. J., Cooper, J. T., Goldmen, C. J. y Dornheim, L. (1998). Development and validation of a measure of emotional intelligence. *Personality and individual Differences, 25*, 167-177.

Segal, Z. V., Williams, J. M. G. & Teasdale, J. D. (2002). Mindfulness-Based Cognitive Therapy for Depression. Nueva York: The Guilford press.

Sells, C. W. & Blum, W. R. (1996). Current trends in adolescent health. En R. J. DiClemente, W. B. Hansen & L. E. Ponton (eds.). *Handbook of adolescent health risk behavior*. Nueva York: Plenum Press, págs. 5-34.

Shapiro, L. E. (1997). *How to raise a child with a higher EQ*. Nueva York: Harper Collins.

Shiota, L., Keltner, D. & John, O. P. (2006). Positive emotion dispositions differentially associated with Big Five personality and attachemnt style. *Journal of Positive Psychology, 1*, 61-76.

Siegel, D. (2007). *The Mindful Brain: Reflection and Attunement in the Cultivation of Well-Being*. Nueva York: WW Norton.

— (2009). The Mindful Brain. Sydney: In happiness & its causes seminar's lecture.

Simón, V. (2007). Mindfulness y neurobiología. *Revista de Psicoterapia, 17,* 5-31.

Soldevilla, A., Filella, G. & Agulló, M. J. (2007). «Educar las emociones en la escuela: formación alprofesorado». En *Book of abstracts of I International Congress on Emotional Intelligence*. Málaga: Gráfiko.

Spector, P. E. (2002). *Psicología Industrial y Organizacional: Investigación y práctica*. México: Manual Moderno.

Stern, D. (2004). *The present moment in psychotherapy and everyday life*. Nueva York: Norton.

Sternberg, R. J. (2000). The concept of intelligence. En R.J. Sternberg. *La Inteligencia Emocional como predictor del rendimiento académico en estudiantes universitarios* 129 (Ed.), Handbook of intelligence (págs. 3-15). Nueva York: Cambridge University Press.

—, Castejón, J. L., Prieto, M. D., Hautamäki, J. y Grigorenko, E. (2001). Confirmatory factor analysis of the Sternberg Triarchic Abilities Test in Three International Samples: An empirical test of the Triarchic Theory. *European Journal of Psychological Assessment, 17*, 1-16.

— (2000). *Handbook of Intelligence*. Nueva York: Cambridge University Press.

— (1997). *Inteligencia exitosa: Cómo una inteligencia práctica y creativa determinan el éxito en la vida*. Barcelona: Paidós.

—, Grigorenko, E. L. y Bundy, D. A. (2001*). The predictive value of IQ. Merrill-Palmer Quarterly, 47* (1), 1-41.

— (2004). Theory Based University Admissions Testing for a New Millennium. *Educational Psychologist, 39* (3), 185-198.

— (1988). *The Triarchic Mind: A New Theory of human intelligence*. Nueva York: Viking.

Suzuki, S. (2006). *Zen Mind, Beginner's Mind*. Boston y Londres: Shambhala Publications.

Swinkels, A. & Giuliano, T. A. (1995). The measurement and conceptualization of mood awareness: Monitoring and labeling one's mood states. *Personality and Social Psychology Bulletin, 21*, 934-949.

Tacón, A. M., Caldera, Y. M. y Ronaghan, C. (2004). Mindfulness-based stress reduction in women with breast cancer. *Families Systems & Health, 22*, 193-203.

Tamietto, M., Latini, L., De Gelder, B. y Geminiani, G. (2005). Functional asymmetry and interhemispheric cooperation in the perception of emotions from facial expressions. *Experimental Brain Research, 171*(3), 389-404.

Taylor, R. D. (1994). Risk and resilience: Contextual influences on the Gordon (eds.). *Educational resilience in inner-city America: Challenges and prospects*. Hillsdale, NJ: Lawrence Erlbaum Associates, págs. 119-137.

Taylor, G. J., Bagby, R. M. y Parker, J. D. A. (1997). *Dissorders of affect regulation*. Cambridge, R. U.: Cambridge University Press.

Teasdale, J., More, R. Hayhurst, H., Pope, M., Williams, S. y Segal, Z. (2002). Metacognitive awareness and prevention of relapse in depression: empirical evidence. *Journal of Consulting and Clinical Psychology, 70*, 275-287.

—, Segal, Z., Williams, J. M. G., Ridgeway, V., Soulsby, J. & Lau, M. (2000). Prevention of relapse/recurrence in major depression by mindfulness-based cognitive therapy. *Journal of Consulting and Clinical Psychology, 68*, 615-625.

—, Segal, Z. y Williams, J. (1995). How does cognitive therapy prevent depressive relapse and why should attentional control (mindfulness) training help? *Behaviour Research and Therapy, 33*, 25-39.

— & Bernard, P. J. (1993). *Affect, cognition and change: Re-modeling depressive thought*. Hillsdale, NJ: Lawrence Earlbaum.

— (1999). Emotional processing, three modes of mind, and the prevention of relapse in depression. *Behaviour Research & Therapy, 37*, S53-S78.

Telch, C., Agras, W. & Linehan, M. (2001). Dialectical behaviour therapy for binge, eating disorder. *Journal of Consulting and Clinical Psychology, 69*, 1061-1065.

Tejedor, T. F. y Garcia-V. A. (2007). Causas del bajo rendimiento del estudiante universitario. *Revista de Educación, 342*, 443-473.

Tranel, D., Damasio, A. y Damasio, H. (1998). Ictact recognition of facial expressions, gender, and age in patiens with impaired recognition of face identity. *Neurology, 38*, 690-696.

Trinidad, D. y Johnson, C. (2002). The association between emotional intelligence and early adolescent tobacco and alcohol use. *Personality and Individual Differences, 32*, 95-105.

Tolan, P. H. (1996). How resilient is the concept of resiliency. *The Community Psychologist, 29*(4), 12-15.

Topping, K., Holmes, E. A. y Bemner, W. (2000). The Effectiveness of School-Based Programs for the Promotion of Social Competence. En R. Bar-On y J. D. A. Parker. *The Handbook of Emotional Intelligence. Theory, Development, Assessment, and Application at Home, School, and in the Workplace.* San Francisco, Ca: Jossey-Bass, págs. 411-432.

Tur, A. M., Mestre, V. y Del Barrio, V. (2004). Factores moduladores de la conducta agresiva y prosocial. El efecto de los hábitos de crianza en la conducta del adolescente. *Ansiedad y Estrés, 10*(1), 75-88.

Vallejo. M. A. (2008). *Mindfulness* o atención plena: de la meditación y la relajación en la terapia. En F. J. Labrador (coord.). *Técnicas de modificación de conducta.* Madrid: Pirámide, págs. 225-241.

— (2007). El mindfulness y la "tercera generación de terapias psicológicas". Consejo General de Colegios de Oficiales de Psicólogos. *Infocop, Revista de Psicología, 33*, 1-2.

— (2006). Atención Plena. *EduPsykhé: Revista de psicología y psicopedagogía. 5*(2), 231-254.

Van der Zee, K., Thijs, M. & Schakel, L. (2002). The relationship of emotional intelligence with academic intelligence and the Big Five. *European Journal of Personality, 16*(2), 103-125.

Van Rooy. D. L., Alonso. A. & Viswesvaran, C. (2005). Group differences in emotional intelligence scores: Theoretical and practical implications. *Personality and Individual Differences. 38*, 689-700.

Vela, R. H. (2004). The role of emotional intelligence in the academic achievement of first years college students. *Dissertation Abstracts International Section: Humanities and Social Sciences, 64* (11-A) 3978.

Vrugt, A. (1996). Perceived self-efficacy, work motivation and well-being. En M. J. Schabracq, J. A. M. Winnubst y C. L. Cooper (eds.). *Handbook of Work and Health Psychology.* Chichester: John Wiley & Sons, págs. 389-403.

Walach, H., Buchheld, N., Buttenmüller, V., Kleinknecht, N. & Schmidt, S. (2006). Measuring mindfulness—The Freiburg Mindfulness Inventory (FMI). *Personality and Individual Differences, 40*, 1543-1555.

Walker, Z. y Towsend, J. (1998). Promoting adolescent mental health in primary care: a review of the literature. *Journal of Adolescence, 21,* 621-634.

Warwick, J. y Nettelbeck, T. (2004). Emotional Intelligence is...? *Personality and Individual Differences, 37,* 1091-1100.

Wechsler, D. (1940). Nonintellective factors in general intelligence. *Psychological bulletin, 37,* 444-445.

Wegner, D. M., Schneider, D. J., Carter, S. & White, T. (1987). Paradoxical effects of thought suppression. *Journal of Personality and Social Psychology, 53,* 5-13.

Weinstein, J. (1992) *Riesgo Psicosocial en Jóvenes.* PREALC. Santiago de Chile.

Weissberg, R. P. & Greenberg, M. T. (1998). School and community competence-enhancement and prevention programs. En I. E. Sigel & K. A. Renninger (eds.). *Handbook of child psychology: Vol. 4. Child psychology in practice.* Nueva York: John Wiley & Sons, (5.ª edic.), págs. 877-954.

—, Caplan, M. Z. & Sivo, P. J. (1989). A new conceptual framework for establishing school-based social competence promotion programs. En L. A. Bond & B. E. Compas (eds.). *Primary prevention and promotion in the schools.* Newbury Park, CA: Sage Publications, págs. 255-296.

Wells, A. (2000). *Emotional disorders and metacognition: Innovative cognitive therapy.* Chichester, UK: Wiley.

Whelton, W. J. (2004). Emotional processes inpsychotherapy: Evidence across therapeutic modalities. *Clinical Psychology and Psychotherapy, 11,* 58-71.

Wilson, K. G. & Luciano, M. C. (2002). *Terapia de aceptación y compromiso (ACT). Un tratamiento conductual orientado a los valores.* Madrid: Pirámide.

Zeidner, M., Matthews, G. y Roberts, R. (2001). Slow down, you move too fast: Emotional intelligence remains an "elusive" intelligence. *Emotion, 1,* 265-275.

—, Roberts, R. D. & Matthews, G. (2002). Can emotional intelligence be schooled? A critical review. *Educational Psychologist, 37* (4), 215-231.

Zeidner, M., Matthews, G., Roberts, R. D. (2004). Emotional intelligence in the workplace: A critical review. *Applied Psychology. An International Review, 53*(3), 371-399.

—, Matthews, G. y Roberts, R. D. (2006). Emotional intelligence, adaptation, and coping. En J. Ciarrochi, J. Forgas y J. D. Mayer (eds.). *Emotional intelligence in everyday life: A scientific inquiry*. Philadelphia: Psychology Press, (2.ª edic.), págs. 82-97.

Zirkel, S. (2000). Social Intelligence: The Development and Maintenance of Purposive Behavior. En R. Bar-On y J. D. A. Parker. *The Handbook of Emotional Intelligence. Theory, Development, Assessment, and Application at Home, School, and in the Workplace*. San Francisco, Ca: Jossey-Bass, págs. 3-27.

editorial Kairós

Puede recibir información sobre nuestros
libros y colecciones o hacer comentarios
acerca de nuestras temáticas en

www.editorialkairos.com

Numancia, 117-121 • 08029 Barcelona • España
tel +34 934 949 490 • info@editorialkairos.com